Die feurige Rose

Samael Aun Weor

Verlag Heliakon

Verlag Heliakon

Übersetzung aus dem Spanischen
Original Titel: La Rosa Ignea
Übersetzer: Osmar Henry Syring

Umschlaggestaltung: Verlag Heliakon

Druck und Vertrieb: BoD – Books on Demand

www.verlag-heliakon.de
info@verlag-heliakon.de

ISBN: **978-3-943208-40-5**

Die Deutsche Nationalbibliothek verzeichnet diese Publikation in der Deutschen Nationalbibliografie; detaillierte bibliografische Daten sind im Internet über www.dnb.de abrufbar.

Inhalt

Einleitung

Ich, Samael Aun Weor, großer Avatar des neuen Wassermannzeitalters, schreibe dieses feurige Buch inmitten des Feuerwirbels …

Wir begeben uns nun ins feurige Innere der göttlichen Mutter der Welt.

Agni! Agni! Agni! Gott des Feuers, hilf uns, inspiriere uns und führe uns durch dieses feurige Labyrinth der großen Natur. Studieren wir nun die zarten Blätter dieser feurigen Rose des Universums.

Betreten wir die tiefsten Höhlen der Erde, um ihnen die schrecklichsten Geheimnisse zu entreißen. Ein süßes und sanftes Zischen erhöht die glühenden Flammen unserer reinsten Gefühle …

In der brennenden Glut des Universums knistert der Wirbel der Kinder des Feuers …

Wir fühlen die sprühenden Funken der Flammen … und die Aura der göttlichen Mutter der Welt umhüllt uns mit ihrer reinsten Energie. Unser Kelch ist aus Gold … ist aus Silber … und ist feurig wie das erhabene Feuer des Universums.

Kinder der Erde! Hört auf eure Lehrer, die Kinder des Feuers. Könige und Königinnen des Feuers, Wesen des Waldes … ich beschwöre euch! Es gibt keinen Wald, der nicht seinen Genius hat. Es gibt keinen Baum, der nicht seine Kreatur, seine Mächte und seine Intelligenz hat …

Es gibt keinen Baum ohne Seele. Jede Pflanze ist ein physischer Körper eines Elementarwesens der Natur. Jede Pflanze hat eine Seele und die Seelen der Pflanzen bergen in sich alle Mächte der göttlichen Mutter der Welt …

Die Seelen der Pflanzen sind die Elementargeister der Natur. Diese unschuldigen Wesen haben Eden noch nicht verlassen und deshalb haben sie ihre feurigen Kräfte noch nicht verloren. Die Elementargeister der Pflanzen spielen wie unschuldige Kinder inmitten der unbeschreiblichen Melodien dieses großen Garten Edens der göttlichen Mutter der Welt.

Die Düfte des Feuers berauschen uns und in Ekstase erheben wir uns in die Höhen des unaussprechlichen Glücks des Nirvanas. Es gibt nichts in dieser feurigen Schöpfung, das keine Seele hat.

Wenn wir mit den Augen des Geistes die feurige Tiefe eines tausendjährigen Felsens betrachten, sehen wir, dass jedes Atom der physische Körper einer mineralischen elementalen Kreatur ist, die kämpft, liebt und arbeitet im feurigen Lodern der universalen Flammen und inständig ersehnt, die feurigen Stufen des Kohlenstoffs und des Diamanten zu erklimmen, um voller Freude das erhabene Reich der Pflanzen zu betreten.

Dieses Buch riecht nach Wald, dieses Buch riecht nach Bergen … dieses Buch haben wir den Flammen des Universums entrissen und jedes seiner Sätze ist mit brennender Glut geschrieben.

Nun wollen wir den Riesen des Waldes und den unschuldigen Kindern des Wassers, der Luft, der Felsen und der Flammen alle Geheimnisse der antiken Weisheit entreißen, um die esoterische Weisheit wieder auf das Antlitz der Erde zu bringen und das Zeitalter des Maitreya inmitten der prasselnden Flammen unserer feurigen Mächte einzuleiten.

All die elementale Magie der antiken Hierophanten sprüht Funken im heiligen Kelch der Blumen und im Schoss der erhabenen Bäume der großen Natur. Wir müssen die alte Weisheit der Hierophanten von Ägypten und Griechenland in den tausendjährigen Felsen suchen, die der Zeit trotzen, und in den unterirdischen Höhlen in den Tiefen der Erde, wo das lodernde Feuer prasselt und mit seinen Flammen die Schlacken verbrennt.

Trennen wir den Rauch von den Flammen, erschaffen wir den Körper der Befreiung, der aus reinstem Moschus besteht, mit dem Duft des feurigen Ansporns. Wir brauchen einen feurigen Verstand. Wir brauchen lodernde Gedanken. Wir brauchen den Christus-Verstand des Arhat, um in das schreckliche Feuer dieser universalen Flammen einzudringen, wo die Geheimnisse der feurigen Rose der Natur fürchterlich knistern. Erheben wir unseren flammenden Kelch inmitten der glühenden Funken der göttlichen Mutter der Welt.

Agni! Erleuchte uns, ich erhebe meinen Kelch auf dich. Lasst uns ein Feuer entzünden, singen wir die glühenden Hymnen des Feuers inmitten der feurigen Rose des Universums. Erheben wir unseren erlauchten Kelch und stoßen wir auf die Hierarchien der Flammen an … Agni! Agni! Agni!

Kapitel 1

Eine Königin des Feuers

Wir sind nun in einen mittelalterlichen Palast eingetreten. Ein Kind spielt in diesem antiken Palast. Das Kind steigt eine Leiter hoch; wir müssen zu Kindern werden, um die Leiter der Weisheit zu erklimmen.

In diesem alten Palast lebt eine Königin des Feuers. Sie ist die elementale Königin des Wacholders, die in einem physischen Körper an einem antiken mittelalterlichen Hof inkarniert ist.

Sie ist eine besonnene Magierin, sie ist eine strenge Magierin, gekleidet in mittelalterlichem Stil. Diese elementale Königin hat ein wunderbares jugendliches Aussehen, sie lebt ein vorbildliches Leben in diesem antiken feudalen Palast.

In tiefe innere Meditation vertieft, betreten wir einen unterirdischen Salon dieses alten Anwesens und vor unseren spirituellen Augen erscheint ein einfaches Bett, eine erhabene Dame und einige heilige Meister, die diese elementale Königin des Wacholders unterstützen, die im Mittelalter in einem physischen Körper inkarniert war.

Dieser merkwürdige Raum, in dem man den Staub der Jahrhunderte atmet, ist von einem alten Kronleuchter beleuchtet. Vor jenem Bett strömen unbestimmte und duftende Rauchschwaden aus einem Eisengefäß.

Das Feuer brennt intensiv unter diesem Gefäß. Eine Flüssigkeit kocht und in dieser Flüssigkeit ist der Wacholder.

Die Flüssigkeit dieses Gefäßes ist das reine Wasser des Lebens, in welchem der Wacholderbaum sich befindet. Das ist die Pflanze der göttlichen Könige.

Drei Chibcha Zipas aus Bacata praktizierten den Kult des Wacholders. Alle göttlichen Könige der Antike praktizierten die königliche Kunst des Wacholders. Das Mantram des Elementargeistes des Wacholders ist ***Kem-Lem***.

Der Elementargeist des Wacholders gleicht einem schönen Mädchen. Jeder Baum hat seinen Elementargeist. Alle Elementargeister des Wacholders gehorchen der elementalen Königin, die einstmals an jenem mittelalterlichen Palast inkarniert war.

Die Königin bittet Agni um Hilfe und dieses Kind des Feuers schwebt in jenem seltsamen Raum. Der Elementargeist des Wacholders gehorcht und im Rauch, der dem Gefäß entströmt, erscheinen einige Meister der Weisheit.

Der Rauch des Wacholders bildet einen gasförmigen Körper, damit der angerufene Engel sich mit ihm bekleiden kann und in der physischen Welt sichtbar und berührbar werden kann. Alle göttlichen Könige der Antike praktizierten die königliche Kunst des Wacholders, um mit den Engeln zu sprechen.

Der Beschwörer muss während des Rituals ein Glas Wacholderwasser trinken. Die Chakras werden mit diesem Ritual des Wacholders aktiv. Jeder Baum hat sein Elementarwesen.

Die Elementarwesen des Wacholders unterstehen dieser Königin des Feuers, die während des Mittelalters an einem prunkvollen Hof inkarniert war. Die Königin des Wacholders zelebriert nun ihre Mysterien in einem unterirdischen Tempel.

Die Wacholderbeeren, als Räucherwerk benutzt, reinigen den Astralkörper von allen Arten von Larven. Der Eingeweihte muss sich mit seinem priesterlichen Gewand kleiden, um im Tempel mit dem Elementargeist des Wacholders zu zelebrieren.

Während der Zeit, die das heilige Ritual des Wacholders dauert, muss der Baum, von dem man die Zweige und Beeren genommen hat, mit schwarzen Tüchern bedeckt werden und einige Steine sollen an ihm hängen.

Während der heiligen Anrufung des Elementarwesens des Wacholders muss der Eingeweihte eine Trompete erklingen lassen, die aus dem Horn eines Widders gemacht wurde. Das Elementarwesen des Wacholders bildet aus dem Rauch einen gasförmigen Körper, der dem angerufenen Engel als Werkzeug dient.

Wenn die Anrufung einer Antwort wert ist, wird der angerufene Engel dem Ruf folgen. Er wird sich sichtbar und berührbar in der physischen Welt machen, um mit demjenigen zu sprechen, der ihn gerufen hat. Jene, die unwürdig sind können tausend Mal rufen, aber sie werden nicht gehört werden, weil den Unwürdigen alle Türen verschlossen sind, ausgenommen dem der Reue.

Kapitel II

Die sieben Leuchter des Arhat

Hört mich an, Brüder der dritten Einweihung der großen Mysterien, zu euch spreche ich. Die Stunde ist gekommen, die sieben Leuchter des Mentalkörpers zu entzünden.

Bevor die goldene Flamme mit einem steten Licht brennen kann, muss die Lampe gut beschützt auf einem Fleck stehen, frei von allen Winden. (Bhagavad-Gita)

Alle irdischen Gedanken müssen vor der Tür des Tempels sterben.

Der Verstand, der Sklave der Sinne ist, macht die Seele genauso hilflos wie ein Boot, das der Wind verloren wegführt auf den Wassern. (Bhagavad-Gita)

So sagen die Gebote des orientalischen Wissens. Hört mich an, Brüder der dritten Einweihung der großen Mysterien, zu euch spreche ich. Ihr benötigt nun die reinste Art feuriger Anstrengung. Ihr müsst nun eure feurige Schlange des Mentalkörpers erheben.

Der fünfzackige Stern strahlt über den Kerzenleuchtern des Verstandes. Im Knistern der Flammen seid ihr nun in den feurigen Tempel des kosmischen Verstehens eingetreten. Eure Gedanken lodern im Wirbel der Flammen. Das ist der feurige Tempel des Arhat. Euer Verstand muss vollkommen erglühen im Prasseln des Feuers. Man muss den Rauch sorgfältig von den Flammen trennen. Der Rauch ist Finsternis. Die Flammen sind Licht.

Man muss intensiv Sexualmagie praktizieren, im lodernden Feuer. Man muss den Materie-Verstand in den Christus-Verstand umwandeln. Man muss den Dämonen der mentalen Welt das Feuer stehlen.

Sei standhaft und gib nicht auf, mein Bruder. Die Sockel der Throne der Meister sind aus Monstern gemacht. Habe Glaube, mein Sohn, und bahne dir den Weg mit dem Schwert. Die Finsteren versperren dir den Weg.

Kämpfe gegen die Finsteren mit der glühenden Schneide deines Schwertes. Besiege sie und du wirst in die Kammern des heiligen Tempels des Araht eintreten. Die Sonne scheint und der Leuchter deines Solarplexus wird nun entzündet. Empfange deine Belohnung, mein Bruder.

Am Ringfinger deines Mentalkörpers funkeln der solare Diamant und der feurige Ring. In deinem Solarplexus lodert nun eine neue feurige Rose. Die Dämonen des Verstandes belauern dich überall, oh Araht! Die Schlange des Mentalkörpers steigt nun durch den feinen Kanal des Rückenmarks des Mentalkörpers auf.

Man muss den Verstand mithilfe des Willens beherrschen. Der Verstand ist das Versteck der Begierde. Man muss die versuchenden Dämonen mit der Peitsche der Willenskraft aus unserem Tempel hinauszuwerfen.

Man muss den Verstand von allen Arten von Schulen, Religionen, Sekten, politischen Parteien, Konzepten über Vaterland und Flaggen, Vorurteilen, Begierden und Ängsten befreien.

Man muss den Verstand von den Prozessen des Denkens befreien. Man muss den Prozess des Denkens gegen Verständnis austauschen. Identifiziere dich nicht mit dem Verstand, oh Araht! Du bist nicht der Verstand. Du bist das Sein, du bist der Innerste.

Der Verstand ist ein wildes Pferd, zähme es mit der Peitsche der Willenskraft, damit es deine Kutsche nicht in den Abgrund fährt.

Wehe dem Kutscher, der seine Kutsche verliert, er muss seinen Weg von vorn beginnen. Die feurige Rose deines Herzens ist deine Sonne der Gerechtigkeit.

Lerne, o Arhat, dein Schwert zu gebrauchen! Lerne den Rauch von den Flammen zu trennen. In allem Guten gibt es etwas Schlechtes. In allem Schlechten gibt es etwas Gutes. Nun bist du jenseits von Gut und Böse. Nun kennst du das Gute im Bösen und das Böse im Guten. Im Duft des Gebets versteckt sich das Verbrechen. Sei standhaft, mein Sohn, die Schlange deines Verstandes erhebt sich langsam durch das Rückenmark deines Mentalkörpers. Deine feurigen Flügel, deine ewigen Flügel öffnen sich.

Der Verstand erstrahlt mit dem heiligen Feuer. Sei standhaft und gib nicht auf und entzünde deine sieben inneren Leuchter.

Erwirb die Sicht des Adlers und das feurige Ohr.

Deine Gedanken lodern wogend in der feurigen Aura des Universums.

Kapitel III

Der Kürbis (Cucurbita pepo)

Treten wir nun ein, oh Arhat, um im Tempel mit dem Kürbis zu zelebrieren. Kleide dich mit deiner Tunika und dem weißen Umhang und gehe zum Altar, oh Araht! Mithilfe der Mächte des Elementarwesens des Kürbisses können wir mit den Menschenmengen arbeiten.

Das Elementarwesen des Kürbisses hat gewaltige Mächte über die Mengen. Mithilfe der Elementalmagie des Kürbisses erreichte Jona, dass Ninive seine Sünden bereute. Das Elementarwesen des Kürbisses hat eine kleine Krone auf seiner Zirbeldrüse, die ihm gewaltige Mächte über Menschenmengen verleiht.

Lerne, oh Araht, mithilfe des Kürbisses gegen die Gräueltaten der Menschheit zu kämpfen. So hilfst du den Menschenmengen, und wenn du den Menschen hilfst, hilfst du dir selbst.

Du weißt es. Denke daran, dass das Elementarwesen des Kürbisses eine rosafarbene Tunika hat, wie die Farbe der selbstlosen Liebe. Es ähnelt einem schönen Mädchen mit der Tunika der Liebe.

Jona war drei Tage im Bauch eines Fisches und am dritten Tag spuckte ihn der Fisch an den Strand von Ninive. Jona setzte sich neben einen Kürbis und alle Menschen von Ninive empfanden Reue, sie zerrissen ihre Gewänder und fasteten und bedeckten ihren Körper mit einem Bußgewand.

Oh Araht, ich möchte, dass du die innere Beziehung zwischen den Fischen des Meeres und dem Kürbis verstehst.

Es gibt einen machtvollen Engel, der über die Fische des Meeres und die Elementarwesen des Kürbisses herrscht. Der Fluss des Lebens, der durch die Fische des Meeres fließt, ist derselbe, der durch die Pflanzenfamilie des Kürbisses fließt.

Der feurige Engel, der über den Kürbis herrscht, ist dieselbe lodernde Flamme, die über alle Fische des riesigen Meeres herrscht.

Der Zelebrierende muss den Kürbis in einen Topf mit Wasser geben, das auf einer kleinen Flamme kocht. Der Kürbis muss in Stücke geschnitten werden, bevor er in den Topf mit Wasser gegeben wird.

Dieser Topf muss vor dem Altar kochen. Der Zelebrierende muss den dampfenden Topf segnen und dem Elementarwesen des Kürbisses befehlen, die Menschenmengen dazu zu bringen, ihre Sünden zu bereuen.

Die große weiße Hierarchie wird dir während des Rituals beistehen. Das Kollegium der Eingeweihten wird mit dir an diesem großen Werk des Vaters arbeiten. Die feurigen Mächte dieses Elementarwesens lodern intensiv in den glühenden Funken der universalen Flammen.

Während dieser Zeremonie der Elementalmagie wird die weiße Taube des Heiligen Geistes in dich eintreten, oh Araht! Nun, in tiefe Meditation versunken, kannst du das Wort Jehovas hören, oh Arhat! Vergiss nicht, mein Bruder, vergiss nicht, oh Araht, dass jeder Wirbel des Mentalkörpers einer heiligen Höhle entspricht, die in den Tiefen der Erde verborgen ist.

Während deine feurige Schlange durch die glühende Wirbelsäule deines Mentalkörpers aufsteigt, wirst du immer die Höhle betreten, die dem jeweiligen Wirbel entspricht. Diese Höhlen, die durch das Feuer deines Leuchters erleuchtet sind, erstrahlen feurig. Die Höhlen, in denen deine brennende Fackel noch nicht leuchtet, sind von Dunkelheit und Rauch erfüllt und nur du, oh Arhat, kannst diese Finsternis mit dem heiligen Feuer deines Leuchters vertreiben.

In jeder der dreiunddreißig Höhlen des Arhat lodert das glühende Feuer des kosmischen Verstandes der Natur. In jeder der dreiunddreißig Höhlen des Arhat, die sich in den Tiefen der Erde befinden, werden die heiligen Mysterien des Feuers zelebriert.

Wenn der Arhat seine Höhlen mit der Fackel seines Leuchters erleuchtet, verwandeln das Licht und das Feuer seinen Materie-Verstand in den Christus-Verstand.

Nachdem Jona von dem Fisch ausgespuckt worden war, predigte er in Ninive und setzte sich neben einen Kürbis, um mit den Mächten des Verstandes zu arbeiten, die im Knistern der feurigen Glut des kosmischen Verstandes lodern. Die Menschen verstehen das Symbol von Jona nicht, obwohl Christus nach drei Tagen auferstanden ist.

Die Menschen verlangten nach Zeichen von Christus, aber er gab ihnen nur das Zeichen von Jona.

Lege dein schäbiges Gewand ab, denn es ist voller Würmer der Fäulnis. Der Wurm der Fäulnis trocknet den Kürbis aus und tötet ihn. Nur die Araht dürfen das Ritual des Kürbisses zelebrieren.

Das gesamte heilige Kollegium wird mit weißen Gewändern bekleidet zum Tempel des heiligen Rituals gehen. Nur einige Helfer werden eine blaue Tunika und einen blauen Umhang während des Rituals verwenden. Während einiger Momente werden die Lichter gelöscht und der Tempel bleibt in Dunkelheit.

Nun wirst du verstehen, dass der Kürbis zur Mentalebene gehört. Nun wirst du das Symbol von Jona, dem Propheten verstehen, der neben einem Kürbis saß. Das kurzzeitige Löschen der Lichter während des Rituals symbolisiert den Schritt aus der Finsternis ins Licht.

Wir müssen alle Niedertracht tierischer Natur aus uns hinauswerfen. Das Mantram des Elementarwesens des Kürbisses ist ***Ka***.

Während dieses Rituals soll ein orientalischer Gong erklingen.

Kapitel IV

Der dritte Wächter

Der Verstand reagiert ständig auf die Eindrücke, die von der äußeren Welt kommen, du musst die Reaktionen des Verstandes mithilfe der Willenskraft kontrollieren.

Wenn jemand einen Stein in einen See wirft, sieht er kristallklare Wellen, die sich vom Zentrum zur Peripherie ausbreiten; diese Wellen sind die Reaktionen des Wassers auf den Stein. Wenn jemand uns beleidigt, fühlen wir Zorn; dieser Zorn ist die Reaktion unseres Verstandes auf die Wörter des Beleidigenden.

Ein pornografisches Bild verletzt die äußeren Sinne und gelangt in den Verstand. Dann reagiert der Verstand wie der See in unserem Beispiel, mit Wellen tierischer Leidenschaft, die sich vom Zentrum zur Peripherie ausbreiten.

Wir müssen die Sinne unterwerfen und den Verstand mit der mächtigen Peitsche der Willenskraft beherrschen. Unser Verstand reagiert ständig auf die Eindrücke der äußeren Welt. Die unaufhörlichen Reaktionen des Verstandes verursachen in uns Freud und Leid.

Vorlieben und Abneigungen sind nichts anderes als das Resultat der Reaktionen des Verstandes. Man muss die Reaktionen des Verstandes kontrollieren, um jenseits von Freud und Leid zu gelangen. Wir müssen gelassen und unempfindlich gegenüber Lob und Tadel, gegenüber Sieg und Niederlage werden.

Alle Stürme unserer Existenz sind nichts anderes als das Resultat der Reaktionen des Verstandes auf die Eindrücke, die aus der äußeren Welt kommen.

Eine hellsichtige Untersuchung ermöglicht uns zu verstehen, dass die Reaktionen des Verstandes aus einem nuklearen Zentrum kommen.

Dieses nukleare Zentrum des Denkens ist der Hüter der Schwelle des Verstandes.

Der Hüter der Schwelle des Verstandes ist wie der Rauch der Flamme. Der Hüter der Schwelle des Verstandes ist ein schrecklich dämonisches Wesen, das auf die äußere Welt mit Wellen der Freude und des Schmerzes reagiert, mit Wellen der Vorlieben und Abneigungen, mit Wellen des Hasses, des Neides, der Habgier, des Lästerns, des Egoismus, usw.

Wir haben diesen Hüter selbst erschaffen, mit all der Boshaftigkeit unseres Verstandes. Es ist notwendig, den Rauch sorgfältig von den Flammen zu trennen. Es ist dringend notwendig, uns vom Hüter der Schwelle des Verstandes zu befreien, um uns unserer tierischen Vergangenheit zu entledigen.

Nun muss der Arhat, nachdem er seine feurigen Flügel entfaltet hat, die Prüfung des Hüters der Schwelle der Mentalwelt bestehen. Sei mutig, oh Krieger, oh Kämpfer! Das ist ein erhabener Moment. Ziehe dein Schwert und stürze dich furchtlos auf den Hüter der Schwelle des Verstandes. Dann wirst du frei sein, dann wird dein Verstand unter der vollkommenen Kontrolle des Innersten sein.

Nachdem du angestrebt hattest, ein Chela zu sein, hast du die Prüfung des Hüters der Schwelle und die Prüfung des großen weltlichen Hüters der Schwelle bestanden.

Nun, da du ein Meister bist, kommt der dritte Hüter zu dir. Besiege ihn und dein Verstand wird frei sein von äußeren Sinnen. Deine ewigen Flügel öffnen sich im Feuer des Verstandes, der Funken sprüht. In den knisternden Flammen greifen dich die Finsteren der Welt an; besiege sie, oh Araht! Kontrolliere deinen Verstand mit der Peitsche der Willenskraft.

Wenn der Verstand dich mit bösartigen Vorstellungen des Hasses oder der Leidenschaft, des Neides oder des Egoismus, usw., bedrängt, sprich folgendermaßen zu deinem Verstand:

Mentalkörper, ich akzeptiere diese Vorstellung nicht, entferne sie, ich erlaube dir das nicht, du musst mir gehorchen, denn ich bin dein Herr.

Nur mittels der Willenskraft kann der Innerste den Verstand kontrollieren, es gibt keinen anderen Weg. Bejahen wir unser Sein. Ich bin nicht der Körper. Ich bin nicht die Begierde. Ich bin nicht der Verstand. Ich bin nicht der Wille. Ich bin nicht das Bewusstsein. Ich bin nicht die Intelligenz.

Ich bin der Innerste. Ich werde alle Ketten der Welt zerreißen. Ich bin der lebendige Gott. Ich bin das Sein. Ich bin das Leben. Ich bin das Brot des Lebens. Ich bin der Wein.

Im knisternden universalen Feuer lodern die feurigen Rosen unseres Verstandes, wenn wir die Majestät des Seins bejahen.

Wenn der Hüter der Schwelle des Verstandes besiegt ist, werden die drei Rätsel der Zeit gelöst und unser Verstand flackert glühend im großen Rhythmus des Feuers.

Kapitel V

Der Kelch

Erinnere dich, mein Bruder, dass der Kelch den Verstand des Menschen repräsentiert. Der Heilige Gral, der sich im Tempel von Montserrat befindet, ist mit dem Blut des Erlösers der Welt gefüllt. Dein Kelch ist dein Gehirn und das Gehirn ist das Werkzeug des Mentalkörpers.

Fülle deinen Kelch mit dem Blut des Märtyrers des Kalvarienberges, damit dein Verstand sich christifiziert im glühenden Knistern der universalen Flammen.

Das Blut des Lammes ist der Wein des Lichtes des Alchemisten. Das Blut des Lammes ist dein Samen. Dein Samen ist das Öl aus purem Gold, das durch deine zwei Oliven aufsteigt, bis zum heiligen Kelch deines Gehirns, um deinen Verstand im glühenden Feuer des Universums zu christifizieren.

Wenn der Kelch leer ist, ist er der schwarze Gral, der Gral des Schattens, der Gral der Dunkelheit. Fülle deinen Kelch mit dem Blut des Lammes, mein Bruder, damit er sich in den Heiligen Gral verwandelt und dein Verstand sich christifiziert.

Kein Unzüchtiger, kein Ehebrecher wird jemals seinen Materie-Verstand in einen Christus-Verstand verwandeln. Die Meister, die verheiratet sind, werden ihren Verstand durch die Sexualmagie christifizieren. Die Meister, die ledig sind, werden ihren Verstand durch die mentale Transmutation und durch das Opfer der sexuellen Abstinenz christifizieren.

Auf diese Weise wird der vierte Grad der Macht des Feuers durch das Rückenmark des Mentalkörpers aufsteigen und den Materie-Verstand in den Christus-Verstand konvertieren. Ihr müsst rein, rein, rein sein.

Es ist euch absolut verboten, auch nur einen Tropfen eures heiligen Weines zu vergießen.

Wenn ihr euren Verstand christifizieren wollt, Schüler des steinigen Pfades, müsst ihr ewige Keuschheit geloben. Ihr müsst euren heiligen Kelch mit dem Wein des Lichtes füllen, damit das Feuer euren kosmischen Verstand im erhabenen Donnern der Gedanken erstrahlen lässt.

Kapitel VI

Der Apfelbaum (Pirus Malus)

Der Apfelbaum symbolisiert die Sexualkraft von Eden. Als die Menschheit von der verbotenen Frucht aß, wurde sie aus dem Paradies geworfen.

Der Engel, der über alle Elementarwesen dieses Baumes herrscht, hat die Macht, die Kammern unserer Wirbel zu schließen, wenn wir die verbotene Frucht essen.

Als der Mensch die Gesetze des Herrn Jehova verletzte, schloss der elementale Engel dieses Baumes die heiligen Kammern unserer Wirbelsäule und warf uns aus Eden, wo die Flüsse des reinen Wassers des Lebens Milch und Honig führen.

Das flammende Schwert des elementalen Engels des Apfelbaumes wirbelt feurig in den Flammen, die das Tor des Paradieses bewacht. Das Tor von Eden ist die Sexualität und Eden ist die Sexualität. Den Unwürdigen sind alle Tore verschlossen, außer dem der Reue. Selbst wenn der Mensch Buße tun würde und fasten würde und ein Büßerhemd auf seinem Körper tragen würde, dadurch würde er Eden nicht betreten können.

Auch wenn der Mensch all die Weisheit des Himmels und der Erde studieren würde, dadurch würde er Eden nicht betreten können. Eden kann man nur durch ein einziges Tor betreten, das Tor, durch das man es verlassen hat. Der Mensch verließ das Paradies durch das Tor der Sexualität und nur durch dieses Tor kann der Mensch das Paradies wieder betreten.

Das ganze Geheimnis befindet sich im *Lingam-Yoni* der griechischen Mysterien. In der Vereinigung von Phallus und Uterus sind die großen Geheimnisse des universalen Feuers des Lebens enthalten.

Es darf eine sexuelle Verbindung geben, aber man darf den Samen nicht ejakulieren. Die gezügelte Begierde wird den Samen in Licht und Feuer transmutieren. Die gezügelte Begierde wird unseren heiligen Kelch mit dem heiligen Wein des Lichtes füllen. So öffnen sich die heiligen Kammern, so erwacht das Feuer, so öffnen wir die Tore von Eden, so christifizieren wir den Verstand in der feurigen Rose des Universums.

Die ledigen Meister werden ihre feurigen Kammern durch die schreckliche Kraft des Opfers öffnen. Die sexuelle Abstinenz ist ein gewaltiges Opfer. In den inneren Welten existiert ein heiliger Tempel, in dem der elementale Engel, der diesen wunderbaren Baum beherrscht, zelebriert.

Dieser Tempel ist von drei ewigen Lampen beleuchtet. Die erste Lampe ist rosarot, wie die feurige Kraft des Sternes der Morgendämmerung. Die zweite Lampe ist wie das blaue Feuer des Vaters und die dritte Lampe erstrahlt im makellosen Weiß der perfekten Keuschheit.

Die großen Melodien des universellen Feuers erklingen in den unaussprechlichen Räumen dieses Tempels von Eden.

Das Elementarwesen dieses wunderbaren Baumes besitzt schreckliche feurige Kräfte. Jede Pflanze, jeder Baum hat einen Körper, eine Seele und einen Geist, so wie die Menschen. Jede Pflanze, jeder Baum hat seine eigene Seele und seinen eigenen Geist.

Die Seelen der Pflanzen sind die Elementarwesen, die in der feurigen Rose des Universums spielen. Das Elementarwesen des Apfelbaumes hat feurige Kräfte, die in der Aura des Universums funkeln.

Alle Brüder und Schwestern, die den steinigen Pfad der glühenden Flamme gehen, müssen die elementare Magie dieses heiligen Baumes erlernen, um der leidenden Menschheit zu helfen.

Mit den elementalen Mächten dieses Baumes können wir Harmonie in die Familien bringen. Mit den elementalen Mächten dieses Baumes können wir vielen Unglücklichen Gerechtigkeit bringen.

Eine Frau, die von einem schlechten Mann verlassen wurde, eine gefallene Jungfrau, eine Unglückliche, die von einem Bösewicht misshandelt wird, usw., sind Fälle, bei denen wir mit den elementalen Mächten dieses Wunderbaumes abhelfen können, wenn das Gesetz des Karmas es erlaubt.

Jene, die glauben, dass sie nur mit der Kraft des Verstandes Wunder bewirken könnten, irren sich vollkommen, weil in der Natur alles dualistisch ist.

Zu glauben, dass man nur mit der Kraft des Verstandes alle Arbeiten der praktischen Magie verwirklichen könnte, ist genau so, wie zu denken, dass ein Mann ein Kind zeugen könnte, ohne eine Frau zu berühren.

Zu denken, dass man nur mit der mentalen Kraft alle okkulten Arbeiten realisieren könnte, ist genau so, wie zu glauben, dass man nur mit einer Feder, ohne Papier einen Brief schreiben könnte oder nur mit Elektrizität, ohne Glühbirnen zu benutzen, Licht machen könnten.

Alles in dieser feurigen Schöpfung ist dual, jedem Gedanken entspricht eine Pflanze.

Das Elementarwesen des Apfelbaums ist von außergewöhnlicher Schönheit, es gleicht einer weiß gekleideten Braut. Mit dem Elementarwesen des Apfelbaums können wir uns vor vielen Gefahren schützen und vielen zerrütteten Familien helfen.

Man legt einen Teppich neben den Baum auf den Boden, um mit dem Elementarwesen des Apfelbaumes zu zelebrieren.

Ebnico Abnicar On. Das sind die Mantrams des Elementarwesens des Apfelbaumes, so wie mich der Herr Jehova lehrte.

Du musst das Elementarwesen mit der Macht deiner Willenskraft und mit der Schneide deines Schwertes zu der Person oder den Personen senden, auf die du Einfluss nehmen willst. Und der Herr Jehova zeigte mir die Magie des Apfelbaumes.

Der Apfelbaum ist die fleischgewordene Blume, die die Bestie verschlingt. Der Apfelbaum ist das Lamm und er ist das Schwein der tierischen Leidenschaft. Und der Herr zeigte mir dem Apfelbaum und zwischen seinen Wurzeln das Gift des Skorpions.

Und der Herr Jehova zeigte mir eine Säule aus weißem, reinem und makellosem Licht, das sich zum Himmel erhob über einer Schale mit Glut. Der Apfelbaum ist der Glorian und um ihn sprühen die sieben Grade der Macht des Feuers.

Und der Herr Jehova zeigte mir einen großen Berg und viele Meister der weißen Loge, jeder Meister zu Füßen seines Apfelbaumes. Und der Herr Jehova sagte mir: „Nur du weißt, was wir, die Meister, vollendet haben."

Und der Herr Jehova zeigte mir ein unschuldiges, nacktes Kind voller Schönheit und sagte mir: „So werden wir, wenn wir den vierten Grad der Macht des Feuers erreichen."

Da verstand ich die Lehren des Herrn Jehova, voller Licht und Weisheit. Das sind die heiligen Lehren des Retters der Welt. Dies sind die heiligen Lehren des Jehova und des Messias-Prinzen, den wir Gnostiker lieben. Der Araht verwandelt sich in ein Kind, so lernte ich es vom Herrn Jehova.

Oh Jehova! Mein Gott! Stärke mich mit Äpfeln. Eines Tages, während ich, Aun Weor, in tiefe Meditation versunken war, sagte ich zum Herrn Jehova: „Oh Jehova! Hilf mir"; und der Herr Jehova antwortete:

„Ich habe dir immer geholfen. Ich werde denjenigen immer helfen, die die Schulen des Baal durchlaufen haben."

Und der Herr Jehova trug eine dreieckige Krone auf seinem Kopf. Und sein Gesicht war wie ein Blitz und seine Augen waren wie Fackeln aus loderndem Feuer und seine Arme und Beine waren wie glühendes Metall.

Verlasst all diese Schulen des Baal und setzt euch unter euren Apfelbaum.

Kapitel VII

Der Körper der Befreiung

Es gibt zwei Arten des Fleisches, eines, das von Adam stammt und ein anderes, das nicht von Adam stammt. Das Fleisch, das von Adam stammt, ist grob und verderblich; das Fleisch, das nicht von Adam stammt, ist ewig und unverderblich.

Wenn die feurige Schlange des Mentalkörpers einen bestimmten Wirbel unserer Wirbelsäule erreicht, dann stirbt der Meister und wird im Leben wiedergeboren.

Der göttliche Rabbi von Galiläa betrat das himmlische Jerusalem mit dem neu Befreiten, auf einem Esel reitend. Und der neu Befreite betritt die siegreiche Stadt, wo er mit Palmen und Preisungen empfangen wird, auch auf einem Esel reitend.

Der Meister betrachtet seinen Körper aus Lehm, der zerbrochen ist und der göttliche Rabbi aus Galilea sagt zum neu Befreiten: „Du brauchst ihn nicht mehr."

Von diesem Augenblick an ist der Meister vom Rad der Geburt und des Todes befreit. Mit den edelsten Atomen des physischen Körpers wurde ein neuer physischer feinstofflicher Körper gebildet, voller Schönheit und tausendjähriger Perfektion; er besitzt die majestätische Erscheinung des kosmischen Christus und er ist ewig und unverweslich.

Dieses Vehikel, das den physischen Körper aus Lehm ersetzt, wurde in der vitalen Grundlage unseres Körper aus Lehm gebildet, auf die gleiche Weise, wie das Kücken sich im Ei bildet.

Als Franz Hartmann den Tempel von Böhmen besuchte, traf er Paracelsus, Jeanne d´Arc und viele andere Adepten, die in diesem geheimen Kloster in Fleisch und Blut leben. Er aß mit den großen Brüdern im Speisesaal der Brüder und Paracelsus lehrte ihn in seinem Laboratorium und verwandelte in seiner Gegenwart Blei in Gold.

Das Buch mit dem Titel „Ein Abenteuer unter den Rosenkreuzern" von Franz Hartmann erzählt von diesen Dingen. Als Jeanne d´Arc in dem Feuer, in dem sie lebendig verbrannt wurde, desinkarnierte, sah sie sich von Meistern umgeben, die sie zum Tempel von Böhmen brachten.

Seitdem lebt sie in diesem Tempel mit ihrem feinstofflichen physischen Körper, zusammen mit all den anderen großen Brüdern. Dieser neue physische Körper hat die Macht, sich an jedem Ort sichtbar und berührbar zu machen und sich von Früchten und purem Wasser zu ernähren.

Der Bienenhonig ist die Nahrung der Meister der universellen Weißen Bruderschaft. Außerhalb des Körpers aus Lehm arbeiten wir, die Mitglieder des heiligen Kollegiums der Eingeweihten mit diesem Körper der Befreiung, der aus reinstem Moschus besteht.

Aber wenn wir inkarniert sind, um eine Aufgabe zugunsten der leidenden Menschheit zu erfüllen, bewegen wir uns unbemerkt wie jeder Passant auf der Straße, gekleidet wie eine normale Person und leben und arbeiten, um unser tägliches Brot zu verdienen, wie jeder andere Bürger.

Der Körper der Befreiung verwandelt uns in Bürger von Eden. So kommt der Christus zu uns, durch die Tore der triumphierenden und siegreichen Stadt.

Kapitel VIII

Die göttliche Mutter der Welt

Der fünfzackige Stern und das Sternenkreuz strahlen nun am blauen Himmel des Arhat. In den glühenden Funken der universalen Flammen feiern wir nun das Fest der Jungfrau, der gesegneten göttlichen Mutter der Welt.

Meine Mutter strahlt in ihrem unaussprechlichen Tempel und wir müssen uns nun mit unserem Gewand des Arhat kleiden, um das Fest zu feiern. Die Menschen glauben, dass die Natur etwas Unbewusstes ist, aber sie irren sich. Arme Leute!

Wenn wir unsere inneren Welten betreten, finden wir die Mutter aller Lebenden, die in ihrem Tempel zelebriert. Die gesamte Natur ist nichts anderes als der großartige Körper der Königin des Himmels. Die göttliche Mutter der Welt ist ein Guru-Deva der ewigen Vollkommenheit.

Im Tempel der gesegneten göttlichen Mutter der Welt sehen wir zwei Altäre und zwischen ihnen den Löwen des Gesetzes. Diese Göttin des Feuers wurde von den Jungfrauen aller Religionen personifiziert: Isis, Maria, Maya, Adonia, Astarte, Insoberta, usw.

Sie ist die Mutter aller Lebenden. Feiern wir das Fest der jungfräulichen Mutter der Welt, oh Araht! Der fünfzackige Stern und das Sternkreuz strahlen in den ewigen Himmeln des Araht.

Wie schön ist die Mutter der Welt! Betrachte sie in ihrem unaussprechlichen Tempel, wie sie die gesamte Natur regiert. Auf ihrem Kopf trägt sie eine Krone aus strahlendem Gold und ihre makellose Tunika funkelt in den knisternden universalen Flammen.

Feiern wir das Fest der jungfräulichen Mutter der Welt, oh Araht!

Kapitel IX

Die Zeder (Cedrus Libani)

Das Elementarwesen dieses Baumes besitzt schrecklich feurige lodernde Mächte. Die Tore der kosmischen Tempel sind aus Zedernholz gemacht.

Die Zeder ist eng verbunden mit den glühenden Flammen unserer Wirbelsäule. Die Devas, die über die Elementarwesen der Zedern der Wälder herrschen, besitzen die Macht, das glühende Tor unseres Kanals Sushumna zu öffnen.

Dieser Kanal ist wie ein unterirdischer Gang mit seinen dreiunddreißig glühenden Kammern unserer heiligen Wirbelsäule, wo die Flammen im Knistern dieses großen universalen Feuers Funken sprühen.

Der Eingang dieses glühenden Ganges ist eng mit dem Leben der Zedern des Waldes verbunden. Wir empfehlen unseren Schülern, auf Bretter aus Zedernholz zu schlafen. Die Wirbelsäule muss in direktem Kontakt mit dem Zedernholz sein. Das Elementarwesen dieses Baumes ist mit einer weißen Tunika und einem weißen Umhang bekleidet.

Das Elementarwesen der Zeder hat die Macht, uns unsichtbar für unsere Feinde zu machen. Das Elementarwesen dieses Baumes erlaubt uns, Ereignisse der Zukunft zu prophezeien. Die Zedern aus Libanon dienten, um die Tore des Tempels von Jerusalem zu bauen.

Am Gründonnerstag und Karfreitag kommunizieren die Zedern des Waldes miteinander durch klagende Klänge, die in den einsamen Orten der Berge wiederklingen. Die Zepter der Patriarchen sind aus Zedern gemacht.

Wenn wir über die Zeder meditieren, öffnet sich vor unseren inneren Augen das gesamte Panorama der zukünftigen Ereignisse und so können wir prophezeien.

Wenn wir das Elementarwesen der Zeder bitten, uns unsichtbar zu machen, erfüllt es unseren Wunsch und so werden wir unsichtbar für den Blick unsere Feinde. Die untere Öffnung unserer Wirbelsäule ist die

Tür unseres lodernden Ofens. Der Wächter dieser Tür ist der Engel, der über alle Elementarwesen der Zedern herrscht.

All die Türen des Tempels sind aus dem Holz der Zedern gemacht. *Öffne, Libanon, deine Pforten, dass Feuer deine Zedern verzehre!* (Zacheriah: 11.1)

Deshalb wird das Eingangstor zum Kanal Sushumna vom herrschenden Engel der Elementarwesen der Zedern des Waldes bewacht.

Kapitel X

Das Bambusrohr

Ich sah rings um den Tempel ein erhöhtes Pflaster. Die Fundamente der Seitenräume machten eine volle Rute aus, sechs Ellen, die sich verjüngten. (Ezechiel 41:8)

Und der mit mir sprach, hatte einen goldenen Messstab, um die Stadt, ihre Tore und die Mauer zu messen. (Offenbarung 21:15)

Er führte mich dorthin, und siehe, da war ein Mann, der ein Aussehen wie von Erz hatte; er trug eine Leinenschnur und eine Messrute in seiner Hand. Er hatte am Tor Aufstellung genommen. (Ezechiel 40:3)

Das Bambusrohr ist das Zepter der Meister der weißen Loge. Der Abstieg und der Aufstieg des heiligen Feuers sind im Bambusrohr gespeichert. Im Bambusrohr ist die gesamte Weisheit des Flusses Euphrat enthalten. Im Bambusrohr ist die gesamte Weisheit der vier Flüsse Edens enthalten. Das Bambusrohr ist eine exakte Abbildung der Wirbelsäule.

In der Mitte unsere Wirbelsäule existiert ein dünner Rückenmarkkanal. Dieser dünne Rückenmarkkanal ist der Kanal Sushumna. In der Mitte des Kanals Sushumna existiert ein Faden, der entlang der Wirbelsäule verläuft. Durch diese dünne Nervenbahn steigt Kundalini entlang der Wirbelsäule auf, vom Steißbein bis zur Mitte der Augenbrauen. Unsere Wirbelsäule hat dreiunddreißig Wirbel, die im Okkultismus als Kammern bezeichnet werden.

Die dreiunddreißig Kammern repräsentieren die dreiunddreißig esoterischen Grade der okkulten Freimaurerei.

Kundalini erwacht, wenn man Sexualmagie praktiziert. Kundalini ist das heilige Feuer. Kundalini ist in einer Hauttasche eingeschlossen, die sich im Steißbein befindet.

Durch die Sexualmagie wird Kundalini aktiv, sie durchbricht die Hauttasche, in der sie eingeschlossen ist und dringt durch eine Öffnung oder eine Türe, die sich im unteren Teil der Wirbelsäule befindet, in den Rückenmarkkanal ein. Diese Türe im Rückenmark bleibt bei gewöhnlichen Menschen verschlossen. Die Samendämpfe erlauben dem herrschenden Engel der Elementarwesen der Zedern, diese Türe zu öffnen, damit unsere feurige Schlange dort eindringen kann.

Das Feuer steigt langsam im Einklang mit den Verdiensten des Herzens. Jede unserer dreiunddreißig heiligen Kammern repräsentiert bestimmte kosmische Mächte und bestimmte heilige Werte. Der herrschende Engel aller Elementarwesen der Apfelbäume öffnet die heiligen Kammern unserer Wirbelsäule, wenn wir Sexualmagie praktizieren und heilig werden.

Im Samen existiert ein Engelsatom, das über unsere Samendämpfe herrscht. Dieses Engelsatom erhebt die Dämpfe unseres Samens bis zum Rückenmark; der Engel der Zedernbäume benutzt sie, um die untere Tür der Wirbelsäule zu öffnen, damit die göttliche Prinzessin Kundalini dort eintritt. Deshalb wurden die Tore des Tempels von Salomon mit Zedernholz aus Libanon gebaut.

Im Wort Libanon steckt das I.A.O., das dem Engel der Zedernbäume erlaubt, die Tür des Rückenmarks zu öffnen, wenn wir Sexualmagie praktizieren.

I.A.O. ist das Mantram der Sexualmagie. Die korrekte Art dieses Mantram zu singen, ist jeden Buchstaben einzeln auszusprechen und jeden Vokal zu verlängern. Das Mantram I.A.O. soll während der Trance der Sexualmagie vokalisiert werden, um unser heiliges Feuer zu erwecken.

In unserer Wirbelsäule existieren sieben „Nadis“ oder okkulte Zentren, die durch die sieben Knoten des Bambusrohres symbolisiert werden. Unsere Wirbelsäule hat in der Tat die Form eines Bambusrohres mit seinen sieben Knoten.

Die Rituale des ersten, zweiten und auch dritten Grades, die wir Gnostiker zelebrieren, gehören dem Bambusrohr an. Unsere Wirbelsäule hat zwei Öffnungen, eine untere und eine obere.

Die untere Öffnung ist die Tür, um das Rückenmark zu betreten und die obere, die sich am oberen Teil des Schädels befindet, ist die Tür, um das Rückenmark zu verlassen. Hier steigt die schreckliche Macht der Hierarchien mit dem Zischen des Fohat herab, durch das Innere unserer Wirbelsäule, um das heilige Feuer zu erheben, wenn wir einen Wirbel erobert haben.

Dann öffnet sich vor uns ein Tor und ein Meister spricht zu uns: Tritt ein. Und wir treten ein in einen Innenhof und in einen Tempel, um den Grad, die Symbole und das Fest zu empfangen. Das sind die Feste des Tempels und die Feste der Götter. Und so, durch diesen Weg des glühenden Feuers, treten wir ein in jede unserer feurigen Kammern, die im Feuer des Universums lodern.

Wenn ein Mensch fällt, d. h., wenn er seinen Samen verliert, schließt der Engel des Apfelbaums, der Herrscher aller Elementarwesen der Apfelbäume, das Tor einer oder mehrerer Kammern unserer Wirbelsäule und das heilige Feuer fällt einen oder mehrere Wirbel hinab, entsprechend der Schwere des Fehlers.

Wenn das heilige Feuer in alle dreiunddreißig feurigen Kammern eingetreten ist, erlangen wir die hohe Einweihung. Der Innerste hat zwei Seelen: eine göttliche und eine menschliche.

In der hohen Einweihung verschmilzt die göttliche Seele vollkommen mit dem Innersten und so wird der Innerste in den inneren Welten als neuer Meister der höheren Mysterien der Universalen Weißen Bruderschaft geboren. Die sieben feurigen Rosen unserer Wirbelsäule lodern dann siegreich in der glühenden Aura des Universums.

Der neue Meister erscheint dann aus den lebendigen Tiefen unsere Bewusstseins und er bahnt sich den Weg durch den Willenskörper und durch den Mental-, Astral- und Vitalkörper, um sich schließlich durch unsere schöpferische Kehle auszudrücken.

Nun muss der Meister alle psychischen Extrakte aus seinen niederen Vehikeln extrahieren. Diese Arbeit wird mithilfe des Feuers ausgeführt. Das Feuer hat sieben Grade der Macht. Die sieben Grade der Macht des Feuers gehören zu unseren sieben Körpern.

Wir haben sieben heilige Schlangen, zwei Gruppen zu je drei, mit der erhabenen Krönung der siebenten Schlange des lodernden Feuers, die uns mit dem Gesetz und mit dem Vater verbindet. Das sind die sieben Grade der Erkenntnis. Das sind die sieben Tore der sieben großen Einweihungen der höheren Mysterien.

Nach diesen sieben Toren herrscht nur der Schrecken der Liebe und des Gesetzes. Jeder Einzelne unserer sieben Körper ist ein exaktes Duplikat unseres physischen Körpers. Jeder Einzelne unserer sieben Körper hat seine eigene Wirbelsäule und seinen eigenen Samen. Jeder unserer sieben Körper hat seine eigene Schlange.

Also haben wir sieben Bambusrohre, sieben Kelche und sieben ewige Berge. Die Wirbelsäule jedes Einzelnen unserer sieben Körper wird durch jedes unserer sieben Bambusrohre symbolisiert. Der heilige Wein (Samen) befindet sich in jedem unserer sieben Kelche.

Die psychische Ebene, die ätherische Ebene, die astrale Ebene, die mentale Ebene, die kausale Ebene, die Ebene des Bewusstseins (buddhisch) und die Ebene des Innersten (atmisch) sind die sieben ewigen Berge.

Man muss die sieben Grade des Feuers erklimmen. Wir müssen uns in feurige Könige auf dem majestätischen Gipfel der sieben ewigen Berge verwandeln. Wir müssen jedes Einzelne unserer sieben Bambusrohre in Besitz nehmen. Der Engel, der über das elementale Leben des Bambus herrscht, hat auch die Macht, uns in den großen Mysterien des Feuers zu empfangen oder uns aus dem heiligen Tempel zu werfen.

In unserem Bambusrohr sind all unsere guten und schlechten Taten gespeichert. Der herrschende Engel dieser großen Bambuswälder liest unser Buch und richtet in Übereinstimmung mit dem Gesetz. Unsere Wirbelsäule ist ein großes Buch, in dem all unsere vergangenen Leben gespeichert sind. In der Wirbelsäule müssen wir lernen, mit Heldenmut allen Versuchungen zu widerstehen.

Christus, der alle Versuchungen ertrug, ist der Einzige, der uns die Kraft und Stärke geben kann, um der Versuchung nicht zu erlegen. Wir müssen Christus in uns entwickeln, um die Stärke zu erlangen und der Versuchung nicht zu erliegen. Wir müssen in uns den Christus entwickeln. Der Christus entsteht in uns, wenn wir intensiv mit der Frau Sexualmagie praktizieren oder uns vollkommen enthalten durch das schreckliche Opfer der Enthaltsamkeit. Die christische Substanz ist in allen unendlichen Räumen verbreitet, und wenn wir Sexualmagie praktizieren, wird sie von jedem unserer sieben Körper absorbiert, bis sich der Christus in uns bildet.

Diese sieben feurigen Portale sind etwas sehr persönliches, sehr intimes, sehr individuelles und sehr tiefes …

Der Pfad der Einweihung ist sehr innerlich und fragil. Um das Bambusrohr zu besitzen, muss der Schüler sich von allen Arten von Schulen, Religionen, Sekten, politischen Parteien, Konzepten über Vaterland und Flaggen, Dogmen, Intellektualismen, Ängsten, Begierden, Verlangen nach Hortung, Vorurteilen, Konventionalismen, Egoismen, Hass, Wut, Meinungen, Polemik, Autoritarismus usw. befreien.

Man muss einen Guru suchen, damit er uns auf diesen innerlichen und fragilen Weg führt. Den Guru muss man im Inneren suchen, in den Tiefen des Bewusstseins. Jeder Schüler muss den Meister im Inneren … Inneren … Inneren suchen.

Der Meister befindet sich in den Tiefen unseres Bewusstseins. Wenn ihr nach dem Meister suchen wollt, löst euch vom Bücherwissen und pseudo-spirituellen Schulen. Wenn der Schüler bereit ist, erscheint der Meister. Die größte Gefahr für den Okkultisten ist das Wissen durch Bücher.

Die Schüler des Okkultismus die sehr viel gelesen haben, sind im Allgemeinen erfüllt mit schrecklichem Stolz. Durch den Intellekt überheblich geworden, fühlt sich der Schüler als Herr über die weltliche Weisheit und verliert nicht nur bedauerlicherweise die Zeit in verschiedenen Schulen, sondern versperrt sich selbst das Tor der Einweihung und verfällt der schwarzen Magie.

Wir müssen wie Kinder werden, um in die Weisheit des Feuers einzutreten, die tief in uns ist, in den lebendigen Tiefen unseres inneren Bewusstseins. Man muss demütig sein, um die Weisheit zu erlangen und nachdem man die Weisheit erlangt hat, muss man noch viel demütiger sein.

Esoterisch gesprochen ist das Bambusrohr mit sieben Knoten die Wurzel unserer Füße. Wenn wir verstehen, dass die innersten Wurzeln unserer Existenz sich in den Tiefen unserer Wirbelsäule und unseres Samens verbergen, dann verstehen wir dieses Symbol der feurigen

Weisheit. Auf dem Unbekannten stehen unsere spirituellen Füße und das Unbekannte befindet sich in unserem Bambusrohr, deshalb ist unser Bambusrohr, esoterisch gesprochen, die Wurzel unserer Füße.

Dieses Symbol ist nur verständlich, wenn wir an die Wurzeln der Bäume denken. Der Baum lebt und ernährt sich durch seine Wurzeln und die Wurzeln unserer Existenz befinden sich im Rückenmark und im Samen. Deshalb ist das Bambusrohr die Wurzel unserer Füße. Kurz gesagt, unser Tempel würde kein solides Fundament haben, wenn es nicht das Bambusrohr gäbe. Die Füße des Menschen stehen auf dem Leben und das Leben kommt aus unserem Bambusrohr und unserem Samen.

Wenn der Mensch keine Wirbelsäule hätte, wären die Füße nutzlos, denn er könnte nicht auf ihnen stehen, weil die Wirbelsäule fehlen würde, um sich aufrecht zu halten. Der Mensch kann auf seinen Füßen stehen, wegen der Wirbelsäule. Jetzt verstehen wir das Symbol der feurigen Weisheit, das besagt, dass das Bambusrohr die Wurzel unserer Füße ist.

Ohne diese Wurzeln könnten die Füße den physischen Körper nicht tragen und wären nutzlos. All die Macht des Menschen befindet sich im Samen und im Rückenmark. Die Füße der großen Monarchen des Feuers werden durch die majestätische Macht der Wirbelsäule gestützt, deshalb ist die Wirbelsäule die Wurzel unserer Füße.

Wehe dem Meister, der die Macht seines Bambusrohres verliert, denn seine Füße taumeln in den Abgrund. Jedes einzelne der Elementarwesen des Bambusrohres ist ein unschuldiges Kind mit einer weißen Tunika. Man ist überwältigt, wenn man den Tempel des Engels betritt, der über dieses elementale Volk des Bambus herrscht.

Im Tempel dieses Engels sehen wir diese elementalen Kinder, die ein paradiesisches Leben leben.

Der Tempel ist voller Blumen von makelloser Schönheit und diese unschuldigen Kinder spielen glücklich im Garten des Tempels. Der Engel, der über sie herrscht, lehrt sie und unterweist sie in der Weisheit der Natur. In diesem Tempel des Engels des Bambus gibt es nur Weisheit, spielende Kinder, Musik und Blumen. So waren wir

Menschen in der Vergangenheit, elementale Kinder, die in Eden spielten. Aber als der Mensch die Gebote des Herrn Jehova missachtete und sich der Unzucht hingab, erlosch das Feuer seines Bambusrohrs und der Mensch fiel in die Finsternis des Abgrundes.

Es wurde notwendig, der Menschheit einen Retter zu senden, um die Menschheit aus dem Abgrund zu ziehen. Dieser Retter ist Christus, und die Weisheit des Christus ist die Weisheit des Melchisedek. Diese Weisheit befindet sich in der Sexualität. Eden ist die Sexualität.

Die Tür, die in Eden hineinführt, ist dieselbe, durch die wir es verlassen haben. Diese Tür ist die Sexualität. Wenn wir Eden wegen Ungehorsam verlassen, dann kehren wir durch Gehorsam zurück.

Wenn wir das Paradies verlassen haben, weil wir die verbotene Frucht gegessen haben, kehren wir zurück, indem wir sie nicht essen.

Lasst uns erneut unser Bambusrohr mit sieben Knoten ergreifen, damit wir uns in allmächtige Monarchen der sieben Berge verwandeln.

Kapitel XI

Der Prophet Elias

Der Mensch gründete die Schulen des Baal im Abgrund. Die Schulen des Baal bestehen aus all jenen pseudo-spirituellen Schulen, die aktuell in der Welt existieren.

All diese äußerlichen Schulen gehören dem Abgrund an, und wenn der Mensch den Abgrund verlassen will, muss er seinen Verstand von all diesen „Käfigen“ befreien.

Wenn wir die inneren Welten betreten, finden wir all die Studenten der Schulen des Baal, versunken in der tiefen Dunkelheit der schwarzen Magie. All diese armen Wesen suchen das außerhalb, was wir innerlich haben. Alle diese armen Seelen rebellieren weiterhin gegen die Gebote des Herrn Jehova und essen von der verbotenen Frucht, von der Frucht, von der er sagte: *„Ihr sollt sie nicht essen ...“*

Es ist schmerzhaft, diese Seelen zu sehen, die von Baal versklavt sind. Die Baal sind die schwarzen Magier. All diese spiritualistischen Schulen sind voll von Unzucht und Ehebruch. Alle spiritualistischen Schulen sind Schulen des Baal.

Eines Tages, versunken in tiefe Meditation und Gebete, sprach ich zum Herrn Jehova: „Oh Jehova, mein Gott, ich kämpfe alleine gegen alle Schulen, gegen alle Religionen und gegen alle Sekten dieser Welt. Meine Feinde sind so zahlreich wie der Sand am Meer und ich bin allein gegen die Welt. Wohin wird das alles führen?“

Dann sah ich in einer Vision Gottes die Zeit von Elias, dem Propheten. Ein Meister hielt ein leuchtendes Bild in seinen Armen, auf dem der ehrwürdige Alte abgebildet war.

Dieser war Elias der Prophet. Sein Haar war wie weiße Wolle und seine Stirn war breit und stark, wie die unbezwingbaren Mauern von Zion.

Seine Adlernase und seine dünnen Lippen zeugten von starker Willenskraft. Seine Augen strahlten wie brennende Fackeln und sein weißer und patriarchaler Bart war von einem Schein aus weißem strahlendem Licht umgeben.

Die Welt damals war ähnlich wie in unserer aktuellen Zeit; die Schulen der Baal waren so zahlreich wie heutzutage, und Elias war allein gegen all die spiritualistischen Schulen, und all die Brüder des Schattens betrachteten ihn mit Verachtung und wünschten ihm den Tod.

Aber Elias triumphierte über die vierhundertfünfzig Propheten des Baal. Da verstand ich, Aun Weor, die Bedeutung dieser Vision und ich notierte mir die Summe der „Begebenheit". Ich öffnete die Bibel und fand dort das Kapitel 18, in dem es wörtlich heißt:

Sobald nun Achab den Elias sah, rief er ihm entgegen: „Bist du es wirklich, du Verderber Israels?" Dieser aber antwortete: „Ich habe Israel nicht ins Verderben gebracht, sondern du und deine Familie, weil ihr die Gebote des Herrn verlassen habt, und weil du den Baalen nachgegangen bist.

Nun aber schicke hin, versammle ganz Israel bei mir auf dem Berge Karmel, auch die vierhundertfünfzig Baalspropheten und die vierhundert Propheten der Aschera, die vom Tische Isebels essen!"

Achab sandte darauf zu allen Israeliten und versammelte die Propheten auf dem Berge Karmel. Elias trat vor dem ganzen Volk auf und rief: „Wie lange noch wollt ihr auf zwei Krücken hinken? Ist der Herr der Gott, so folgt ihm nach! Ist es aber der Baal, so folgt diesem!" Das Volk erwiderte darauf nichts.

Da sagte Elias zu den Leuten: „Ich allein bin als Prophet des Herrn übrig geblieben. Der Propheten Baals sind es aber vierhundertfünfzig Mann.

Man gebe uns zwei Stiere; sie sollen einen Stier wählen, ihn zerteilen und ihn auf die Holzscheite legen, ohne Feuer anzuzünden. Ich aber werde den anderen Stier herrichten und auf die Holzscheite legen und das Feuer ebenfalls nicht anzünden.

Dann ruft den Namen eures Gottes an, und ich werde den Namen des Herrn anrufen. Der Gott aber, der mit Feuer antwortet, ist der wahre Gott." Da antwortete das ganze Volk: „So ist es recht!"

Elias befahl den Baalspropheten: „Wählt euch den einen Stier und schlachtet ihn zuerst, denn ihr seid ja in der Überzahl. Dann ruft den Namen eures Gottes an, entzündet aber kein Feuer!“

Sie holten den Stier, den er ihnen gab, richteten ihn her und riefen den Namen des Baal an vom Morgen bis zum Mittag: „Baal, erhöre uns!“ Doch es kam kein Laut und keine Antwort. Sie machten dabei hinkende Verbeugungen auf der Opferstätte, die sie verfertigt hatten.

Als es schon um die Tagesmitte war, spottete Elias über sie und bemerkte: „Ruft doch lauter, er ist ja ein Gott! Er hatte wohl ein Bedürfnis und ist ausgetreten, vielleicht schläft er auch und muss erst aufwachen!“

So riefen sie immer lauter und brachten sich nach ihrem Brauchtum mit Schwertern und Lanzen Einschnitte bei, bis das Blut an ihnen herabfloss. Als die Mittagszeit vorüber war, da begannen sie zu rasen bis zu der Zeit, da man das Speiseopfer darzubringen pflegte. Es kam aber kein Laut, keine Antwort und keinerlei Beachtung.

Da sprach Elias zum ganzen Volk: „Kommt nun zu mir heran!“ Das ganze Volk näherte sich ihm, und er stellte den niedergerissenen Altar des Herrn wieder her. Elias nahm zwölf Steine nach der Zahl der Stämme der Söhne Jakobs, zu dem der Herr gesagt hatte: „Israel soll dein Name sein!“

Er baute aus den Steinen einen Altar im Namen des Herrn und machte um den Altar herum einen Graben, der zwei Scheffel Saatgetreide hätte fassen können.

Sodann schichtete er das Holz auf, zerteilte den Stier und legte ihn über das Holz. Dann befahl er: „Füllt vier Krüge mit Wasser und gießt es auf das Opfer und das Holz!“

Hierauf gebot er: „Tut es noch einmal!“ Sie wiederholten es. Da sprach er: „Tut es zum dritten Mal!“ Und sie taten es zum dritten Mal.

Das Wasser lief rings um den Altar. Auch den Graben füllte er mit Wasser. Zur Zeit, da man das Speiseopfer darzubringen pflegt, trat der Prophet Elias heran und rief: „Herr, Gott Abrahams, Isaaks und

Israels! Heute soll man erkennen, dass du Gott bist in Israel, und dass ich dein Knecht bin und auf dein Wort hin dies alles getan habe.

Erhöre mich, Herr, erhöre mich, damit dieses Volk erfahre, dass du, Herr, Gott bist, und dass du sein Herz wieder umgewandelt hast!"

Da fiel das Feuer des Herrn herab und fraß das Brandopfer, das Holz, die Steine und die Erde. Auch das Wasser im Graben leckte es auf.

Als das Volk dies sah, warf es sich auf sein Angesicht nieder und rief: „Der Herr ist Gott, der Herr ist Gott!"

Elias aber befahl ihnen: „Packt die Baalspropheten, keiner von ihnen soll entkommen!" Man ergriff sie, und Elias ließ sie zum Bache Kischon hinabführen und dort töten. (1. Buch der Könige: 17-40)

Kapitel XII

Die Kiefer und der Verstand (Pinus Sylvestris)

Die Kiefer ist der Baum des Wassermanns. Die Kiefer ist der Baum des neuen Zeitalters. Die Kiefer ist das Zeichen des wassermännischen Denkens.

Das Elementarwesen der Kiefer besitzt all die Weisheit des Bambusrohres. Dieses Elementarwesen hat eine makellose weiße Aura und ist sehr schön. Jede Kiefer hat ihr eigenes Elementarwesen, weil jede Pflanze und jeder Baum einen Körper, eine Seele und einen Geist hat, wie die Menschen.

Die feurigen Mächte des Elementarwesens der Kiefer lodern in den feurigen Flammen des Universums. Der Engel, der über diese elementale Volk der Kiefern herrscht, arbeitet mit der menschlichen Zeugung. Dieser Engel hat die Aufgabe, die menschlichen Seelen in die entsprechende Umgebung zu bringen, die ihnen in der jeweiligen Reinkarnation entspricht, in Übereinstimmung mit den karmischen Gesetzen.

Diese Elementarwesen der Kiefern haben die Macht, uns zukünftige Ereignisse im Wasser zu zeigen. Der Zelebrierende, gekleidet mit seiner Tunika, lässt ein unschuldiges Kind in ein Gefäß mit Wasser blicken. An der Tür des Tempels wird während der gesamten Dauer des Rituals ein Stein platziert. Das Kind muss mit einer weißen Tunika bekleidet sein.

Dieses Ritual der Kiefer soll in unseren unterirdischen Tempeln oder in irgendeiner Höhle im Wald abgehalten werden. Jedes Kind ist während der ersten vier Jahre seines Lebens hellsichtig.

Wenn unsere Schüler die göttliche Hellsichtigkeit erwecken wollen, müssen sie ihre verlorene Kindheit zurückerobern. Die Atome der Kindheit leben versunken in unserem inneren Universum und es ist notwendig, sie zu neuer Aktivität zu erwecken. Wenn diese kindlichen Atome aus der Tiefe des Bewusstseins auftauchen, um in unserem objektiven und sekundären System wieder zu erscheinen, dann erlangen wir die verlorene Kindheit zurück und die göttliche Hellsichtigkeit erwacht. Durch das Wort können wir diese kindlichen Atome aus den Tiefen des Bewusstseins an die äußere Oberfläche heraufholen.

Der gesegnete und ehrwürdige Guru Huiracocha sprach in seinem Buch „Logos, Mantram, Magie“ über das heilige Wort des Lichtes und sagte uns, dass wir anfangen müssen, langsam das Wort „Mama“ zu artikulieren, wie ein Kind, das zu sprechen beginnt.

In diesem Buch sprach der Meister Huiracocha über die wunderbare Macht des Vokals „M“, aber weil der große Meister verschlüsselt schrieb, konnten nur die Eingeweihten ihn verstehen. Wer auch immer seine verlorene Kindlichkeit zurückerobern möchte, muss wieder beginnen, die kindlichen Silben zu vokalisieren.

Vokalisiert die Worte ***Ma – Ma***, ***Pa – Pa***, indem ihr die Stimme bei der ersten Silbe jedes Wortes erhebt und sie bei der zweiten Silbe jedes Wortes senkt. Während dieser Übung muss der Verstand eine vollkommen kindliche Haltung annehmen.

So wird die göttliche Hellsichtigkeit in unseren Schülern erwachen, unter der Voraussetzung, dass sie vollkommen keusch sind. Während des Rituals mit der Kiefer muss der Priester auf dem Boden liegen, während das Kind die Oberfläche des kristallklaren Wassers beobachtet.

Der Priester muss dann mehrere Male die Silbe ***Au*** vokalisieren. Über dem Kind muss ein Kiefernzweig hängen. Dieser Zweig wirft einen Schatten auf den Kopf des Kindes, aber berührt den Kopf des Kindes nicht. Dann sieht das Kind auf hellsichtige Weise den gewünschten Ort. Es genügt, das Kind anzuweisen zu sehen und das Kind wird sehen.

Man muss das Elementarwesen der Kiefer streng anweisen, dem Kind die Person, den Ort oder die Stelle, die uns interessiert zu zeigen. Man muss während dieser rituellen Arbeit mit der Kiefer auch um die Hilfe des Heiligen Geistes flehen. Unsere Schüler müssen den Prozess des Denkens durch die Schönheit des Verstehens ersetzen.

Der Prozess des Denkens trennt den Verstand vom Innersten. Ein Verstand, der vom Innersten getrennt ist, fällt in den Abgrund der schwarzen Magie. Das Denken ist ein großes Vergehen gegen den Innersten. All die großen Denker sind Bewohner des Abgrundes.

Das Denken spaltet den Verstand in den Kampf der Antithesen. Die antithetischen Konzepte verwandeln den Verstand in ein Schlachtfeld. Der Kampf der antithetischen Konzepte zersplittert den Verstand und verwandelt ihn in ein unbrauchbares Werkzeug.

Ein zersplitterter Verstand kann dem Innersten nicht als Werkzeug dienen.

Wenn der Verstand dem Innersten nicht als Werkzeug dienen kann, verwandelt er den Menschen in ein blindes und unbeholfenes Wesen, das Sklave der Leidenschaften und der sinnlichen Wahrnehmung der äußeren Welt ist.

Der Verstand, der Sklave der Sinne ist, macht die Seele genauso hilflos wie ein Boot, das der Wind auf den Wassern irreleitet. (Bhagavad Gita)

Die stursten und unzüchtigsten Wesen, die auf der Erde existieren, sind die großen Denker und Intellektuellen. Der Intellektuelle verliert die Bedeutung eines Gebetes, wenn ein Punkt oder ein Komma fehlt. Der Intuitive weiß zu lesen, wo der Meister nicht schreibt und zu hören, wo der Meister nicht spricht. Der Denker ist völlig versklavt von den äußeren Sinnen und seine Seele ist so hilflos, wie das Boot, das der Wind über die Wasser irreführt.

Der Prozess der Wahl spaltet den Verstand in den Kampf der Antithesen. Ein geteilter Verstand ist ein unbrauchbares Instrument. Wenn der Verstand nicht als Werkzeug für den Innersten dient, dann dient er als Werkzeug für das tierische *Ich*.

Die spiritualistischen Denker sind die unglücklichsten Wesen, die auf der Erde existieren. Ihr Verstand ist vollkommen vollgestopft mit Theorien und noch mehr Theorien und sie leiden schrecklich, weil sie nichts von dem verwirklichen können, was sie gelesen haben. Diese armen Wesen haben einen schrecklichen Stolz und normalerweise enden sie getrennt vom Innersten und verwandeln sich in tantrische Persönlichkeit des Abgrundes. Der Prozess des Denkens zerstört die empfindlichen Membranen des Mentalkörpers.

Die Gedanken müssen leise und ruhig im süßen Fluss des Denkens fließen. Die Gedanken müssen ganzheitlich fließen, ohne den

Prozess des Denkens. Man muss den Prozess des Denkens durch die Qualität der Erkenntnis ersetzen.

Die Erkenntnis ist die direkte Wahrnehmung der Wahrheit ohne den Prozess des Denkens. Die Erkenntnis ist Verstehen ohne die Notwendigkeit des Denkens. Wir müssen den Prozess des Denkens durch die Schönheit des Verstehens ersetzen.

Wir müssen den Verstand von allen Arten von Vorurteilen, Begierden, Ängsten, Hass, Schulen, usw. Befreien. All diese Defekte sind Fesseln, die den Verstand an den äußeren Sinnen verankern. Diese Fesseln verwandeln den Verstand in ein unbrauchbares Werkzeug für den Innersten.

Der Verstand soll sich in ein flexibles und feines Werkzeug verwandeln, durch das der Innerste sich ausdrücken kann. Der Verstand muss sich in eine Flamme des Universums verwandeln. Der Materie-Verstand muss sich in einen Christus-Verstand verwandeln. Man muss den Verstand durch die Willenskraft kontrollieren.

Wenn der Verstand uns mit sinnlosen Vorstellungen bedrängt, sprechen wir folgendermaßen zum Verstand: „Mentalkörper, entferne diese Vorstellung, ich akzeptiere sie nicht, du bist mein Sklave, ich bin dein Herr."

Und dann, wie durch Zauber, verschwinden die unnützen Darstellungen, die uns bedrängen aus unserem Verstand. Der Mentalkörper der menschlichen Rasse befindet sich noch in der Morgenröte seiner Evolution. Wenn wir die Physiognomie der Mentalkörper der menschlichen Wesen hellsichtig betrachten, können wir diese Behauptung bestätigen.

Das Gesicht des Mentalkörpers fast aller menschlichen Wesen hat ein tierisches Aussehen. Wenn wir alle Gewohnheiten der menschlichen Spezies beobachten, verstehen wir, warum der Mentalkörper der Menschen eine tierische Physiognomie hat. Die Kundalini des Mentalkörpers verwandelt den Materie-Verstand in den Christus-Verstand.

Wenn die feurige Rose der Kehle des Mentalkörpers feurig in den universalen Flammen sprüht, dann spricht der Arhat das große Wort des Lichtes im erhabenen Glanz des Denkens.

Der Verstand muss vollkommen kindlich werden. Der Verstand muss sich in ein Kind voller Schönheit verwandeln. Die Kiefer ist der Baum des Wassermannzeitalters.

Die Magie der Kiefer ist eng verbunden mit den Kindern. Die Kiefer ist der Baum der Weihnacht. Die Kiefer ist der Baum des göttlichen Kindes.

Wir müssen unsere verlorene Kindheit zurückerobern.

Die Kiefer ist das Symbol des Verstandes des neuen Zeitalters.

Kapitel XIII

Der Herr Jehova

Wenn wir die Genesis studieren, lesen wir, dass der Herr Jehova jede Pflanze, jeden Samen, jedes Tier der Erde, jeden Fisch des Meeres und jedes lebendige Wesen schuf.

Das haben alle menschlichen Wesen gelesen, aber nicht verstanden. Nicht einmal die Okkultisten konnten uns eine zufriedenstellende Erklärung bezüglich der Genesis geben. Die Okkultisten haben die verschiedensten Interpretationen über den Herrn Jehova gegeben, aber niemand konnte zufriedenstellend erklären, wer Jehova ist und wie und auf welche Weise er alle lebenden Wesen, die das Antlitz der Erde bevölkern, erschuf.

Wenn wir die inneren Welten betreten, verstehen wir, dass der Herr Jehova ein Guru-Deva ist, er ist der Herrscher der gesamten Evolution der Engel oder Devas. Nur auf diese Weise können wir die Schöpfung aller Dinge erklären, wie sie uns die Genesis erzählt. Alle Elementarwesen der gesamten Schöpfung werden von den Engeln oder Devas regiert und alle Devas, zusammen mit allen Elementarwesen der gesamten Schöpfung, werden vom höchsten Herrscher der Evolution der Engel oder Devas regiert.

Dieser Herrscher ist der Herr Jehova. Es gibt keine Pflanze, die keine Seele hat und all die Seelen der Pflanzen werden von Engel regiert, die wiederum vom Herrn Jehova regiert werden. Dasselbe geschieht mit den mineralischen und tierischen Elementarwesen, alle gehorchen den Engeln und jeder Engel gehorcht dem Herrn Jehova. Die Elementarwesen der Erde, der Luft, des Wassers und des Feuers sind in den Pflanzen inkarniert und kein Same kann ohne die Anwesenheit eines Elementarwesens sprießen.

Dasselbe geschieht bei den Tieren; jedes Tier ist der physische Körper eines Elementarwesens der Natur und alle diese Elementarwesen gehorchen den Engeln und alle diese Engel arbeiten im großen Laboratorium der Natur unter der feurigen Leitung des Herrn Jehova. Die

Elohim oder Prajapatis des orientalischen Indiens sind die Erbauer des Universums. Diese Elohim arbeiten in den glühenden Flammen der feurigen Rose der Natur, in Überstimmung mit den Plänen des Herrn Jehova.

Wir haben nun erklärt, wie und auf welche Weise der Herr Jehova alle Dinge in der Morgenröte des Lebens erschaffen hat. Die Elohim oder Prajapatis sind die Devas oder Engel, die über die gesamte Schöpfung im Knistern der glühenden Flammen des Universums herrschen.

Die Studenten von Heindel betrachten den Herrn Jehova als einen antiken Gott, der seine Mission bereits erfüllt hat. Dieses falsche Konzept der Studenten von Heindel bricht völlig zusammen, wenn wir verstehen, dass die gesamte devische Evolution unter der direkten Regentschaft des Herrn Jehova arbeitet.

Es gibt keine Pflanze, die ohne Anwesenheit eines Elementarwesens existieren kann und jedes Elementarwesen ist abhängig von den Anordnungen der Engel, die in der feurigen Rose des Universums unter den Befehlen des Herrn Jehova arbeiten.

Also erschafft der Herr Jehova täglich in den glühenden Flammen der feurigen Rose der Natur. Jeder Meister drückt sich durch seine Schüler aus. Der Herr Jehova drückt sich im ewigen Augenblick des Lebens durch seine elementalen Devas aus. Der Herr Jehova ist eine Flamme von brennender Aktualität, wenn wir daran denken, dass unser planetarischer Globus sich gerade auf das neue Wassermannzeitalter vorbereitet.

Wenn der Meister die vierte Einweihung der höheren Mysterien erreicht, öffnen sich vor ihm sieben Pfade. Erstens, ins Nirvana eintreten. Zweitens, höhere Arbeiten im Nirvana. Drittens, dem Generalstab des Logos des Sonnensystems angehören. Viertens, ein Nirmanakaya zu bleiben und auf der Astralebene für die Menschheit arbeiten.

Fünftens, in der zukünftigen Jupiter-Periode der Menschheit arbeiten. Sechstens, sich reinkarnieren, um für die Menschheit zu arbeiten. Siebtens, in die Evolution der Devas und Engel eintreten, um in dieser großen Werkstatt der Natur unter dem direkten Befehl des Herrn

Jehova zu arbeiten. Der Herr Jehova war nicht nur der Schöpfer der Vergangenheit, sondern er ist auch der Schöpfer der Gegenwart und er wird der Schöpfer der Zukunft sein.

Die zwölf großen zodiakalen Hierarchien erschufen den Menschen, aber der Mensch könnte nicht auf unserer physisch-chemischen Erde leben, ohne die aufwendige Arbeit des Herrn Jehova.

Unter diesem Gesichtspunkt schuf der Herr Jehova den Menschen nach seinem Abbild. Gott schuf alle Dinge mit dem verlorenen Wort. Die Meister, die in Asien leben, hüten dieses Wort sehr gut.

Ein großer Philosoph sagte einst: Suche danach in China und vielleicht wirst du es in der großen Tatarei finden. Das verlorene Wort ist wie ein gigantischer Fisch, der, halb blau, halb grün, aus der Tiefe des Ozeans auftaucht.

Jehova ist der Gott der Propheten der Vergangenheit, der Gegenwart und der Zukunft. Ich, Samael Aun Weor, bin ein Prophet von Jehova.

Kapitel XIV

Das Wort

Im Anfang war der Logos – das Wort, und das Wort war bei Gott, und Gott war das Wort. Dieses war im Anfang bei Gott. Alles ist durch dieses geworden, und ohne es wurde auch nicht eines von dem, was geworden. In ihm war das Leben, und das Leben war das Licht der Menschen.

Das Licht leuchtet in der Finsternis, und die Finsternis hat es nicht ergriffen. Ein Mann trat auf, gesandt von Gott, sein Name war Johannes. Dieser kam zum Zeugnis, dass er zeuge von dem Lichte, damit alle zum Glauben kämen durch ihn. Nicht war er selber das Licht, sondern zeugen sollte er vom Lichte.

Es war das wahre Licht, das jeden Menschen erleuchtet, der in die Welt kommt. In der Welt war er, und die Welt ist geworden durch ihn, doch die Welt erkannte ihn nicht. In das Seine kam er, doch die Seinen nahmen ihn nicht auf.

Allen aber, die ihn aufnahmen, gab er Vollmacht, Kinder Gottes zu werden, denen, die glauben an seinen Namen. Die nicht aus dem Blute und nicht aus dem Wollen des Fleisches und nicht aus dem Wollen des Mannes, sondern aus Gott geboren sind. Und das Wort wurde Fleisch und wohnte unter uns, und wir schauten seine Herrlichkeit, eine Herrlichkeit als des Eingeborenen vom Vater, voll Gnade und Wahrheit. (Johannes 1:1-14)

Das Wort ist im Samen gespeichert. Das leuchtende und spermatische Fiat des ersten Augenblickes ruht in der Tiefe unserer heiligen Arche und erwartet die Stunde seiner Verwirklichung. Das gesamte Universum ist die Inkarnation des Wortes.

Dieses Wortes ist die christonische Substanz des solaren Logos. In antiken Zeiten sprach die Menschheit die göttliche solare Sprache und alle Wesen der Erde, des Wassers, der Luft und des Feuers knieten vor dem Menschen und gehorchten ihm. Aber als der Mensch von der verbotenen Frucht aß, vergaß er die Sprache der Kinder des Feuers und errichtete den Turm zu Babel. Dieser Turm symbolisiert alle Sprachen der Welt. Da waren die Menschen verwirrt angesichts so vieler Sprachen. Einst sprach man nur die Sprache von Eden und mit diesem heiligen Wort erschufen die Kinder des Feuers alle Dinge.

Und das Wort kam auf die Erde und es wurde gekreuzigt auf dem majestätischen Gipfel des Kalvarienberges. Er kam zu den Seinen, aber die Seinen erkannten ihn nicht. Das Wort ist das Licht, das jedem Menschen leuchtet, der auf die Welt kommt.

Wenn die heilige Schlange unsere Kehle erreicht, bekommen wir die Macht, die heilige Sprache zu sprechen, die wir einst in jenem Zeitalter der Titanen sprachen, als die Flüsse Milch und Honig führten. Damals waren wir Riesen.

Um das goldene Wort zu sprechen, muss man intensiv Sexualmagie praktizieren, weil das Wort des solaren Logos sich in unserem christonischen Samen befindet.

Dein Verstand erstrahlt mit dem heiligen Feuer, oh Araht! Dein Verstand glüht in den lodernden Flammen des Alls. Die feurigen Rosen deines Mentalkörpers lodern feurig in der flammenden Glut deines Verstandes.

Eine neue feurige Rose leuchtet nun glühend in deinem Verstand, es ist die feurige Rose der Kehle des Mentalkörpers. Der Kelch strahlt über dem Baum deiner Existenz, die Sonne erstrahlt im feurigen All. Tritt nun ein, oh Araht, in den heiligen Tempel des kosmischen Verstandes, damit du das Symbol und das feierliche Fest des Wortes empfangen kannst, das in der gesamten Schöpfung ertönt, im feurigen Rhythmus von Mahavan und Chotavan.

Die Flammen des Alls prasseln glühend in der feurigen Rose unseres Kehlkopfes. Erinnere dich, mein Kind, dass alle Dinge des Universums nichts anderes sind, als Granulate des Fohat. Höre mich jetzt, mein Kind: Dein Kehlkopf ist nun die lebende Inkarnation des Wortes der Götter.

Höre mich, oh Araht, die Flammen des Universums sprechen jetzt durch deine schöpferische Kehle und entfesseln Stürme über die Massen. Jerusalem! Jerusalem! Die geliebte Stadt der Propheten.

Wie oft wollte ich deine Kinder versammeln, wie eine Henne ihre Küken unter ihren Flügeln sammelt und du wolltest nicht!

Das Wort der heiligen Flamme drückte sich durch die feurige Kehle der Propheten von Zion aus, und die unbezwingbaren Mauern der geliebten Stadt der Propheten stürzten ein, angesichts der omnipotenten Macht des Wortes.

Die glühende Flamme des kosmischen Verstandes, die das Wort des Lichtes spricht, ist schrecklich göttlich. Dein Verstand ist nun ein glühendes Feuer, oh Araht!

Deine vierte Schlange hat dich nun in einen feurigen Drachen des Wortes verwandelt.

Die sexuelle Kraft von Eden ist nun auf „deinen fruchtbaren Lippen erblüht und Wort geworden."

Kapitel XV

Die Magie des Granatapfelbaumes, des Orangenbaums, der Narde, des Safrans, des Zimts, des Weihrauchs, der Myrrhe, der Aloe, des Balsambaumes, der Minze und des Feigenbaumes

Der Granatapfelbaum (Pinuca Granatum)

Der Granatapfelbaum repräsentiert die Freundschaft. Der Granatapfelbaum repräsentiert freundschaftliche Vereinbarungen. Der Granatapfelbaum repräsentiert das Heim. Die Elementarwesen des Granatapfelbaumes haben die Macht, freundschaftliche Beziehungen zu stiften.

Die Elementarwesen des Granatapfelbaumes haben die Macht, brüderliche Vereinbarungen zwischen Menschen zu stiften. Die Elementarwesen des Granatapfelbaumes haben die Macht, Harmonie in den Familien zu stiften.

Der Granatapfelbaum wird im Astrallicht von einem Pferd symbolisiert. Das Pferd ist immer das Symbol der Freundschaft. Der Engel, der über das Volk der Elementarwesen des Granatapfelbaumes herrscht, ist die Sonne von Familie und Heim. Wenn ihr Harmonie in Familien, die Kummer haben, verbreiten wollt, nutzt die Magie der Elementarwesen des Granatapfelbaums.

Wenn ihr freundschaftliche Beziehungen mit bestimmten Personen knüpfen wollt, nutzt die Magie der Elementarwesen des Granatapfelbaums. Wenn ihr eine wichtige Vereinbarung mit einer anderen Person erreichen wollt, nutzt die feurigen Mächte der Elementarwesen des Granatapfelbaums.

Mithilfe der Magie der Elementarwesen des Granatapfelbaums können wir mit den verlorenen Seelen arbeiten, um sie zurückzuführen auf den Pfad des Lichtes. Mithilfe der Magie der Elementarwesen des Granatapfelbaums können wir helfen, damit der verlorene Sohn wieder zu seiner Familie zurückkehrt.

Wenn die Elementarwesen des Orangenbaumes uns einer „Prüfung“ unterziehen, können wir mithilfe der Magie der Elementarwesen des Granatapfelbaums siegreich daraus hervorgehen. Und der Herr Jehova zeigte mir einen großen Berg, und der Herr Jehova war auf diesem großen Berg. Und der Herr Jehova sagte mir:

„Mit der Magie der Elementarwesen des Granatapfelbaums kannst du für den Fortschritt des Friedens arbeiten.“

Und der Herr Jehova nahm die Gestalt der weißen Taube des Heiligen Geistes an. Und der gesamte große Berg strahlte majestätisch. Mit der Macht der Elementarwesen des Granatapfelbaums können wir den Unzüchtigen helfen, dem Abgrund zu entkommen.

Wenn wir behaupteten, dass wir uns mit der Magie der Elementarwesen der Granatapfelbäume verteidigen können, wenn die Elementarwesen der Orangenbäume uns einer Prüfung unterziehen, wollen wir sagen, dass die hierarchischen Flüsse, die durch die Orangenbäume fließen, entgegengesetzt gepolt sind wie die kosmischen Strömungen, die durch das Reich der Elementarwesen der Granatapfelbäume fließen.

Kraft und Kräfte sind sehr vereint in der Schöpfung. Das Leben, das durch die Pflanzen fließt, fließt auch durch die Mineralien, durch die Tiere und durch die menschliche Spezies. In diesem Sinne sind die verschiedenen Reiche der Elementarwesen der Natur mit den verschiedenen Arten oder Bereichen der menschlichen Aktivität verbunden.

Unter Führung der regierenden Engel der verschiedenen Reiche der Elementarwesen der Natur arbeiten immense Mächte und unzählbare Hierarchien. Und der Herr Jehova zeigte mir den Baum des Lebens. Dies ist einer der zwei Bäume von Eden. Da verstand ich die Lehre des Herrn Jehova. Wenn wir für den Frieden arbeiten, für eine universale Bruderschaft, für die Würde der Familien benutzen wir die Magie der Elementarwesen des Granatapfelbaums.

Das heißt, hier leben wir die Magie der Elementarwesen der Granatapfelbäume intensiv. Auf dem Beg des Friedens strahlt die Herrlichkeit des Herrn Jehova.

Vago O A Ego, das sind die Mantrams der Elementarwesen des Granatapfelbaums.

Wenn wir das Elementarwesen eines Granatapfelbaums benutzen wollen, müssen wir um den Baum herumgehen, ihn segnen, die Mantrams singen und dem Elementarwesen befehlen, mit der Person oder den Personen zu arbeiten, die uns in Bezug auf unsere gewünschten Ziele interessieren.

Die Engel, die über alle Familien der Erde wachen, gehören dem Reich der Elementarwesen der Granatapfelbäume an. Jede menschliche Familie wird von einem familiären Engel beschützt.

Diese familiären Engel gehören dem Reich der Elementarwesen der Granatapfelbäume an. Die Freimaurer ignorieren die okkulte Bedeutung des Granatapfelbaums.

Das Elementarreich der Orangenbäume (Citrus Aurantium)

Die Hierarchien, die über das Reich der Elementarwesen der Orangenbäume herrschen, sind die gleichen, die alle ökonomischen und monetären Angelegenheiten der menschlichen Spezies regieren.

Alle ökonomischen Probleme der Welt können durch die gewaltige Macht der Liebe gelöst werden, d. h., mit der Magie der Elementarwesen der Granatapfelbäume. Alle Meinungsverschiedenheiten der Menschen können durch die Liebe gelöst werden, die die Macht der Elementarwesen der Granatapfelbäume ist.

All der egoistische Hass verschwindet durch die Liebe, die die Macht der Elementarwesen der Granatapfelbäume ist. Deshalb sagen wir, dass, wenn die Wesen der Orangenbäume uns einer Prüfung unterziehen, wir durch die Magie der Elementarwesen der Granatapfelbäume siegreich daraus hervorgehen können.

Die Orangenbäume sind eng verbunden mit der Währung und die Währung erzeugt Konflikte aller Arten. Die Elementarvölker der Orangenbäume sind eng verbunden mit den ökonomischen Problemen der Menschheit. Die Elementarvölker der Orangenbäume werden von den Devas regiert, die die Samen alles Existierenden verteilen.

Diese elementalen Devas herrschen auch über die Samen der menschlichen Spezies und die Samen der tierischen Spezies.

Jetzt werden die Anhänger der Weisheit des Feuers verstehen, warum die Hierarchien der Elementarwesen der Orangenbäume die Macht haben, die Ökonomie der Welt zu verteilen. Diese Devas arbeiten in Übereinstimmung mit den Gesetzen des Karmas.

Bevor Geld auf der Erde existierte, herrschten diese Devas über die Weltwirtschaft, und wenn das Geld aufhört zu existieren, werden sie fortfahren wie immer und die Weltwirtschaft in Einklang mit dem Gesetz des Karmas zu verwalten.

In diesen Zeiten dient das Geld als karmisches Werkzeug, um die Menschen zu belohnen oder zu bestrafen. Wenn wir den Tempel der

Engel betreten, die über diese Völker der Elementarwesen der Orangenbäume herrschen, sehen wir diese elementalen Kinder, die mit Tuniken in verschiedenen Farben gekleidet sind.

Diese Kinder studieren ihre heiligen Bücher und werden von dem Engel, der sie lenkt, unterwiesen und gelehrt.

Das Mantram des Elementarwesens des Orangenbaumes ist: ***A Kumo***.

Die Magie der Elementarwesen der Narde

Solang der König weilt bei seiner Tafelrunde, spendet meine Narde ihren Duft. (Hoheslied 1:12)

Die Narde ist das erhabenste Parfum der Liebe. Die Narde ist das Parfum derjenigen, die schon das andere Ufer erreicht haben.

Die Narde gehört der menschlichen Seele an (Kausalkörper oder Willenskörper). (Höheres Mana). Die Narde ist das Parfum der fünften Einweihung der höheren Mysterien.

Die Narde gehört dem christifizierten Kausalkörper an. Die Narde ist das Parfum der höheren Eingeweihten. Die Narde ist eine Pflanze, die der Kausalebene angehört. Die Narde ist das Parfum des Befreiers. Die Narde ist das Parfum der Hierophanten der höheren Mysterien.

Esoterisch gesprochen müssen wir große Schlachten schlagen, um die Narde zu erhalten. Das Parfum der Narde wirkt stark auf das Bewusstsein der Künstler.

Wo auch immer Kunst und Schönheit gegenwärtig sind, muss der Duft der Narde auch sein. Der Planet der Narde ist der Saturn.

Das Mantram der elementalen Völker der Narde ist ***Atoya***.

Diese Elementarwesen der Narde können für freundschaftliche Zwecke eingesetzt werden. Die Narde ist das Parfum des neuen Wassermannzeitalters.

Die Magie der Elementarwesen des Safrans (Crocus Savitus)

Der Safran ist die Pflanze des Apostolats. Die Völker der Elementarwesen des Safrans sind eng verbunden mit dem Apostolat. Der Apostel ist ein Märtyrer des kosmischen Verstandes. Der Verstand des authentischen Apostels ist gekreuzigt. Der Verstand des authentischen Apostels ist eng verbunden mit dem Reich der Elementarwesen des Safrans.

Der Verstand des Arhat ist eng verbunden mit diesem Reich der Elementarwesen des Safrans. Der Apostel ist ein Märtyrer. Die ganze Welt profitiert von den Werken des Apostels, die ganze Welt liest seine Bücher und die ganze Welt bezahlt den Apostel mit der Münze der Undankbarkeit, weil nach dem verbreiteten Konzept „der Apostel nicht das Recht hat zu wissen."

Jedoch alle großen Werke der Welt sind den Aposteln zu verdanken. Der Safran ist eng verbunden mit den großen Aposteln der Kunst: Beethoven, Mozart, Berlioz, Wagner, Bach, usw. Der Planet des Safrans ist Venus, der Stern der Liebe. Jeder Apostel ist eng verbunden mit der Magie der Elementarwesen des Safrans.

Der Apostel hängt an einem sehr bitteren Seil und unter ihm befindet sich ein tiefer Abgrund. Das Reich der Elementarwesen des Safrans ist eng verbunden mit mühsamer Arbeit. Die Arbeit eines Apostels des Lichtes, die Arbeit eines Menschen, der um das tägliche Brot kämpft, und die mühsame Arbeit der kleinen Bienen ist sehr heilig und eng verbunden mit diesem Reich der Elementarwesen des Safrans.

Keine ehrliche Arbeit, so einfach sie auch ist, darf verachtete werden, denn die Arbeit in all ihren Formen ist eng verbunden mit den kosmischen Hierarchien, die mit dem Reich der Elementarwesen des Safrans verbunden sind. Jedes Detail, jeder Vorfall bei der Arbeit, so unbedeutend er auch erscheinen mag, hat eine große Bedeutung in der Aktivität des evolutionierenden Lebens. Eine unbedeutende Biene, die weit weg von ihrem Stock verwundet wird, ist ein Ereignis, ist eine moralische Tragödie, ist ein entsetzliches Drama für alle Bienen des

Stockes. Dieses Ereignis kann nur verglichen werden mit etwas Ähnlichem in Bezug auf die menschliche Spezies.

Eine menschliche Familie ist voller Verzweiflung, wenn ein Sohn, ein Bruder oder das Oberhaupt der Familie nicht nach Hause zurückkehren kann, weil er bei der Arbeit verletzt wurde oder weil er von einem Auto auf der Straße angefahren wurde oder wegen eines ähnlichen Unfalls.

Dann werden alle Leidenden verzweifelt vor Schmerz versuchen, die Situation zu lösen, bis das Familienmitglied wieder nach Hause zurückkehren kann. Dasselbe geschieht mit der unbedeutenden Biene, die gleiche Tragödie, das gleiche schmerzhafte Drama.

Die Biene ist klein für uns, sie erscheint uns winzig, aber die Bienen sehen sich auf die gleiche Art, wie eine Person eine andere sieht. Sie betrachten sich weder als winzig, noch fühlen sie sich klein. Der Verstand des Arhat muss zutiefst all diese inneren Aktivitäten, die mit dem Reich der Elementarwesen des Safrans verbunden sind, verstehen.

Bei jeder Arbeit, so winzig sie auch ist, gibt es Freude, gibt es Traurigkeit, gibt es tiefe moralische Tragödien, die uns einladen, die erhabene Großartigkeit der Arbeit zu verstehen, sowohl bei der menschlichen Spezies, bei den unbedeutenden Insekten als auch bei dem Apostel, der zum Wohle der Menschheit arbeitet.

Die Elementarwesen des Safrans haben wunderbare Tuniken in hellem Rosa. Der Safran und die Bienen symbolisieren die Arbeit und beide werden vom Planeten Venus regiert.

Die Magie der Elementarwesen des Zimts (Cinnamomum Ceylanicum)

Der Zimt ist freundlich und stellt die Kräfte wieder her. Überall wo es Freude gibt, dort gibt es die Magie der Elementarwesen des Zimts. Überall wo es Aktivität und Optimismus gibt, dort gibt es die Magie der Elementarwesen des Zimts.

Die Magie der Elementarwesen des Zimts gibt Aktivität und Freude. Optimismus und Freude soll es in all unseren Aktivitäten geben. Das Reich der Elementarwesen des Zimts ist verbunden mit Optimismus und Freude. Die Magie der Elementwesen des Zimts ist eng verbunden mit jenen elementalen Kräfte, die uns im Leben aufmuntern und trösten.

Die Magie der Elementarwesen des Zimts ist eng verbunden mit jenen Kräften, die die Kinder, die Jugendlichen, die Frauen und die Alten in ihrem Leben trösten, stärken und aufmuntern. Der Verstand des Arhat sollte den Optimismus und die Freude kultivieren. Wo auch immer Aktivität existiert, braucht man immer gesunde Freude.

Der Verstand des Arhat muss zutiefst die Bedeutung der Freude und des Optimismus verstehen. Wenn wir den Tempel der Elementarwesen dieses Pflanzenreiches der Natur betreten, sehen wir die elementalen Kinder dieser Bäume fröhlich im Tempel spielen, unter der Aufsicht des Engels, der sie regiert.

Wir müssen verstehen, was die Musik, die Freude und der Optimismus sind. Man ist berauscht, wenn man die „Zauberflöte" von Mozart hört, die uns an eine ägyptische Einweihung erinnert. Man ist überwältigt, wenn man die neun Symphonien von Beethoven oder die unbeschreiblichen Melodien von Chopin und Liszt hört.

Die unbeschreibliche Musik der großen Klassiker kommt aus den erhabenen Regionen des Nirvana, wo nur das Glück herrscht, das jenseits der Liebe ist. Alle großen Kinder des Feuers destillieren das Parfum des Glücks und den erhabenen Duft der Musik und der Freude.

Die Elementarwesen dieser Bäume sind schöne Kinder, bekleidet mit hellrosa Tuniken.

Die Magie der Elementarwesen des Weihrauchs (Boswellia)

Der authentische Weihrauch wird aus dem Weihrauchbaum gewonnen und er enthält große elementale Mächte. Wenn man ihn in Wasser legt, hat er die Macht, die Elementarwesen des Wassers unserem Ruf folgen zu lassen.

Wenn man ihn auf die Stirn legt, hat er die Macht, Kopfschmerzen verschwinden zu lassen, die durch starken mentalen Kummer verursacht wurden. Der Rauch des Weihrauchs hat die Macht, die Meister und Engel der unsichtbaren Welt zu rufen. Der Weihrauch bereitet die Umgebung für gnostische Rituale vor.

Der Weihrauch ist ein großes Vehikel für spirituelle Wellen der reinen Andacht und hilft bei der inneren mystischen Sammlung, weil er als Instrument der Hingabe dient.

In den antiken Tempeln der Mysterien wurden die Kranken mit dem Rauch des Weihrauchs umhüllt, um sie zu behandeln. Die Wesen des Wassers kommen fröhlich herbei, wenn wir ein Stück Weihrauch in ein Gefäß mit Wasser geben. Der Weihrauch muss verbrannt werden, wenn man einen Freundschaftspakt schließen will. Die aztekischen Magier rauchten Tabak, als sie ihren Pakt mit den Spaniern schlossen.

Das taten sie mit dem Ziel, die Atmosphäre für das Schließen des Paktes und für freundschaftliche Gespräche vorzubereiten. Jedoch empfehlen wir für diesen Zweck den Weihrauch, da der Tabak den Effekt hat, sich in ein schmutziges und abscheuliches Laster zu verwandeln.

Der Weihrauch sollte von allen Anhängern des Pfades verwendet werden. Der Weihrauch sollte bei Eheversprechen, usw., verwendet werden.

Die Andacht und Verehrung öffnen den Anhängern des Pfades die Tore zu den höheren Welten.

Wenn wir den Tempel der Elementarwesen des Weihrauchbaumes betreten, sehen wir dort jedes einzelne der elementalen Kinder dieser Bäume glücklich im Tempel des Weihrauchs spielen.

Diese Elementarwesen verwenden gelben Tuniken und ihre Mantram ist: ***Alumino***.

Wir können diese Elementarwesen mit ihrem Mantram rufen, damit sie die Atmosphäre des Weihrauchs verbreiten. Der Engel, der über diese Elementarwesen herrscht, gleicht einer Braut in ihrem Hochzeitskleid. Jeder Einzelne dieser Bäume hat sein eigenes Elementarwesen.

Wir werden nicht müde zu erklären, dass jede Pflanze und jeder Baum der physische Körper eines Elementarwesens der Natur ist, das sich vorbereitet, eines Tages in das Reich der Tiere und später in das menschliche Reich einzutreten.

Wenn wir einen Teil von einem Baum oder einer Pflanze abreißen, fühlt das Elementarwesen denselben Schmerz, den wir fühlen, wenn man uns ein Glied unseres Körpers abreißt.

Bevor man eine Pflanze pflückt, muss man einen Kreis um die Pflanze ziehen und sie segnen und das Elementarwesen bitten, den gewünschten Dienst zu erweisen.

Um Kriechpflanzen zieht man ein Dreieck, segnet sie und pflückt sie dann. (Siehe „Tratado de Medicina Oculta y Magia Práctica“ des selben Autors.)

Die Elementarwesen der Pflanzen sind vollkommen unschuldig, und da sie Eden nicht verlassen haben, besitzen sie all die schrecklichen Mächte der sieben feurigen Schlangen.

Wir können den elementalen Engel des Weihrauchs anrufen und er wird unserem Ruf mit den Elementarwesen des Olibanums folgen, um die mystische Atmosphäre für unsere gnostischen Rituale vorzubereiten.

Die Magie der Elementarwesen der Myrrhe (Commiphora Myrrha)

Wenn wir das Reich der Elementarwesen der Balsambäume, von denen man die Myrrhe gewinnt, betreten, sehen wir diese elementalen Kinder, mit roten Tuniken und Umhängen bekleidet, glücklich in Eden.

Myrrhe gehört dem spirituellen Gold an und verbindet sich mit Weihrauch und mit dem Gold des Geistes wie das unaussprechliche Pleroma des Nirvana.

Die Wissenschaft der Myrrhe ist die Wissenschaft des Todes. Man muss sterben, um zu leben. Man muss alles verlieren, um alles zu gewinnen. Man muss für die Welt sterben, um für Gott zu leben. Das ist die Magie der Elementarwesen der Myrrhe. Die monadische Essenz dieses Reichs der Elementarwesen der Natur ist eng verbunden mit der Welt des Innersten. Das spirituelle Gold befindet sich im immensen Schmelztiegel des Nirvana.

Die einzelnen Monaden, die die monadische Essenz jedes Elementarreichs der Natur bilden, sind ausgestattet mit Vehikeln verschiedener Dichte, und obwohl sie verschieden sind, kann man nicht sagen, dass sie individuell sind, denn sie besitzen keinen individuellen Verstand.

Jedoch sind sie mit kosmischer Intelligenz und mit Unschuld, Macht und Glück ausgestattet.

Die Devas oder Engel, die damit beauftragt sind, diese monadischen Essenzen, die in diesem Mahamvantara ein Vehikel besitzen, zu leiten, sind ihre Beschützer, Lehrer und leisten die Arbeit der Gruppengeister, die beauftragt sind, die kosmische Evolution dieser monadischen Essenzen, die kosmische Vehikel besitzen und als Elementarwesen der Natur bekannt sind, zu fördern.

Die monadischen Essenzen beginnen, ihre eigene Individualität zu zeigen, wenn sie die Evolution des Pflanzenreichs der Natur durchlaufen.

Wir können nicht sagen: die Monade einer Kiefer inkarnierte in einem Menschen, aber wir können schon sagen: die Monade dieses

Menschen war in einer Kiefer inkarniert, bevor sie sich als menschliche Monade individualisiert hat.

Die monadischen Essenzen müssen die Evolution im Mineral-, Pflanzen- und Tierreich durchlaufen, bevor sie sich individualisieren. Wir können nicht sagen, dass die Monade von Descartes in einem Baum inkarniert war, weil die menschliche Monade eine individualisierte Monade ist, die sich von der pflanzlichen Monade unterscheidet.

Jedoch ist es korrekt zu behaupten, dass die Monade von Descartes vor ihrer Individualisierung eine tierische Monade, pflanzliche Monade, mineralische Monade, usw., war.

Unter einer Monade verstehen wir den Innersten jedes Elementarwesens des Mineral-, Pflanzen- oder Tierreiches und den Innersten des menschlichen Wesens, der sich zusammensetzt aus Atman-Buddhi-Manas.

Die Monaden der Elementarwesen der Natur sind vollkommen persönlichkeitslose Wesen. Die Elementarwesen der Myrrhe sind Kinder von bezaubernder Schönheit, die das Glück des Nirvana besitzen. Unsere Schüler werden nun verstehen, warum man dem göttlichen Kind von Bethlehem Gold, Weihrauch und Myrrhe gebracht hat.

Der Araht, der lernt, die monadischen Essenzen aller Reiche der Elementarwesen der Natur zu beherrschen, lernt, das universale Leben zu beherrschen.

Die monadischen Essenzen des großen Lebens strömen unaufhörlich mit den großen Rhythmen des universalen Feuers. All diese monadischen Essenzen befinden sich in den Tiefen des kosmischen Bewusstseins und wir müssen lernen, sie zu beherrschen, um in dieser großen Werkstadt der Natur zu arbeiten.

Alle höheren Sphären des kosmischen Bewusstseins sind in den Veden in der folgenden Ordnung klassifiziert: *Atala* ist die erste Ebene, die direkt aus dem Absoluten hervorgeht; zu dieser Ebene gehören die Hierarchien der Dhyani Buddhas, deren Zustand der des Parasamadhi oder Dharmakaya ist, in dem es keinen Fortschritt mehr gibt, denn es sind vollkommen perfekte Wesen, die nur die kosmische Nacht erwarten, um in das Absolute einzutreten.

Die zweite Ebene der Veden heißt *Vitala*. In diesem Loka befinden sich die himmlischen Buddhas, die behaupten, von den sieben Dhyani Buddhas hervorgegangen zu sein.

Der dritte Loka oder die Ebene des Bewusstseins ist *Sutala*, das ist die Ebene des Klangs. Bis zu dieser Ebene kam Gautama in dieser Welt. Das ist die Ebene der Hierarchien der Kumaras und Agnishvattas. Der vierte Loka der Veden ist *Talatala*, der fünfte ist *Rasatala*, der sechste ist *Mahatala* und der siebente ist *Patala*.

Atala ist die Welt des Feuernebels, die Welt des Innersten.

Vitala ist die Welt des Bewusstseins. Sutala ist die Welt des Willens. Talatala ist die Welt des Verstandes. Rasatala ist die Astralwelt. Mahatala ist die ätherische Welt und Patala ist die physische Welt.

In Atala funkeln die monadischen Essenzen wie jungfräuliche Funken. In Vitala befindet sich das heilige Feuer unseres Herrn Jesus Christus.

Die Elementarwesen des universalen Äthers sind in *Sutala,* die Elementarwesen des Feuers in *Talatala*. Die Elementarwesen der Luft sind in *Rasatala*. Die Elementarwesen des Wassers sind in *Mahatala*. Die Menschen, die Elementarwesen der Tiere und die Gnome sind in *Patala*.

Das ist die Klassifizierung der alten Schriften der Veden. Alle unsere sieben Kosmen sind mit Elementarwesen bevölkert. Die Elementarwesen steigen von der Region des Atala in die physische Welt hinab, um durch die mineralischen, pflanzlichen, tierischen und menschlichen Reiche zu evolutionieren.

Das Leben steigt von Ebene zu Ebene bis zur physischen Welt herab und steigt dann wieder zu den unbeschreiblichen Regionen des Nirvana auf.

Alles kommt und geht, alles strömt und strömt zurück, alles steigt auf und ab, alles kommt von Atala und kehrt zu Atala zurück, um letztendlich in das unbeschreibliche Glück des Absoluten einzutauchen.

Die Myrrhe gehört der Region des Atala an, von der das Leben herabsteigt, um wieder aufzusteigen. Myrrhe ist die Magie des großen

Alaya der Welt. Die sieben Tattwas der Natur sind von Elementarwesen bevölkert und diese Wesen sind in den Pflanzen inkarniert.

Derjenige, der lernt, die Pflanzenmagie zu beherrschen, kann die Tattwas beherrschen. (Siehe mein „Tratado de Medicina Oculta y Magia Práctica").

Das Tattwa Akasha ist das Paradies der jungfräulichen Funken der monadischen Substanzen der Welt des Innersten.

Das Tattwa Vayu ist das Element der Wesen, die die Lüfte bewegen.

Das Tattwa Tejas ist das Element der Salamander des Feuers.

Das Tattwa Apas ist das Element, in dem die Wesen des Wassers leben.

Das Tattwa Pritwi ist das Element, in dem die Gnome der Erde leben.

All diese unschuldigen Wesen sind in den Pflanzen inkarniert und derjenige, der die Pflanzenmagie kennt, kann die Tattwas des Universums beherrschen. Mit den Pflanzen können wir Stürme beruhigen, Orkane entfachen, Wirbelstürme entfesseln und Feuer regnen lassen, wie Elias der Prophet.

Myrrhe ist mit dem Akasha verbunden, das in allem Erschaffenen lebt und pulsiert.

Die Magie der Elementarwesen der Aloe (Aloe Soccotorina)

Die Aloe ist eine Pflanze mit großen okkulten Kräften. Die Elementarwesen dieser Pflanze ähneln neugeborenen Kindern.

Diese elementalen Kinder sind wahre „Adamiten“ voller unschuldiger Schönheit. Diese Pflanze vervielfältigt ihre Blätter, ohne das Element Erde oder das Element Wasser zu benötigen. Ich habe oft eine Aloe an einer Wand hängen sehen, ohne Sonnenlicht, ohne Wasser, in einem Innenraum und dennoch lebt die Pflanze wunderbarerweise weiter, reproduziert ihre Blätter und pflanzt sich sogar fort.

Wovon lebt sie? Wovon ernährt sie sich? Wie kann sie sich erhalten? Hellsichtige Erforschungen haben uns zu dem logischen Schluss geführt, dass diese Pflanze sich von den feinstofflichen Strahlen der Sonne ernährt und davon lebt.

Diese Pflanze nährt sich vom kosmischen Christus, von den christischen Strahlen der Sonne. Die Kristalle dieser Pflanze sind flüssige Sonne, Christus in Substanz, christonischer Samen. Die Elementarwesen dieser Pflanzen haben Macht über alle Dinge und durch die elementale Magie können wir diese Elementarwesen für jede Art der Arbeit der weißen Magie benutzen.

Bevor man die Pflanze pflückt, muss man sie mit Wasser besprengen, um sie zu taufen. Dann segnet man die Pflanze und rezitiert das folgende gnostische Gebet:

Ich glaube an den Sohn, den kosmischen Chrestos, die mächtige astrale Mediation, die unsere physische Persönlichkeit mit der höchsten Immanenz des Sonnenvaters verbindet.

Man muss ein Stück Silber an die Pflanze hängen. Dann soll die Pflanze an die Wand unseres Hauses gehängt werden, damit sie mit dem Glanz des christischen Lichts, das sie aus der Sonne zieht, die gesamte Umgebung des Hauses mit Licht und Glück erleuchtet und überflutet.

Mittels der Macht des Willens können wir den Elementarwesen der Aloe befehlen, die magische Arbeit, die wir wünschen auszuführen, und das Elementarwesen wird sofort gehorchen. Zweifellos müssen die Befehle dem Elementarwesen täglich gegeben werden, um es zur Arbeit zu verpflichten.

Die solaren Mächte dieses Wesens sind gewaltig. Jedoch, jeder der versucht, die Elementarwesen der Natur für negative Zwecke zu gebrauchen, erzeugt ein schreckliches Karma und wird streng vom Gesetz bestraft werden.

Die Elementarwesen der Aloe sind eng verbunden mit den Gesetzen der Reinkarnation.

Das Reich der Elementarwesen der Aloe ist eng verbunden mit den kosmischen Kräften, die verantwortlich sind für die Regelung der menschlichen Reinkarnation.

So wie man die Aloe aus der Erde zieht, um sie an eine Wand zu hängen, d. h., damit sie in einem anderen Umfeld weiterlebt, so kann auch das menschliche Wesen aus der Erde gezogen werden, sein Umfeld geändert werden, damit es dort weiterlebt, das ist das Gesetz der Reinkarnation.

Wir können dieses Gesetz auch physisch prüfen. Es gibt in den tropischen Wäldern ein Insekt mit dem Namen Zikade. Es ist ein Insekt der Gattung Hemiptera mit gelbgrüner Farbe; die Zikade erzeugt während der Hitze des Sommers ein monotones durchdringendes Geräusch mit einem speziellen Organ, das das Männchen am Unterleib hat.

In Kolumbien geben die Leute diesem Insekt den volkstümlichen Namen „Chicharra“. Die Leute glauben, dass dieses kleine Tier zerplatzt, wenn es singt und stirbt. Jedoch die Realität ist anders. Was geschieht, ist, dass dieses Tier seinen Panzer aus Chitin, einer organischen Substanz, aus dem das Skelett von Gliedertieren besteht, zurücklässt.

Das Insekt macht eine Öffnung in der oberen Region seines Rückens und schlüpft dort hinaus mit einem neuen Körper, voll des Lebens. Dieses Tierchen ist unsterblich und reinkarniert sich unaufhörlich im Leben. Der Meister Huiracocha schreibt Folgendes über die Aloe in seinem Buch mit dem Titel „Die heilige Pflanzen“, Seite 113, Ausgabe von 2022:

Reisende, die den Orient besuchen, werden über den Türen der türkischen Häuser eine Krokodilhaut und eine Aloe Pflanze sehen, denn sie sagen, dass beide ein langes Leben garantieren.

Wenn man dieses Symbol sorgfältig untersucht, entdeckt man, dass es die Reinkarnation repräsentiert. Das ägyptische Buch der Toten sagt wörtlich:

Ich bin das heilige Krokodil Sebekh, ich bin die Flamme der drei Dochte und meine Dochte sind unsterblich. Ich trete ein in die Region von Sekem, ich trete ein in die Region der Flammen, die meine Feinde besiegt haben.

Das heilige Krokodil Sebekh symbolisiert den Innersten, und wenn wir die Aloe neben das Krokodil stellen, dann haben wir den Innersten mit seinen drei Dochten, d. h., die göttliche Triade, die sich unaufhörlich reinkarniert, um die Vollkommenheit zu erreichen.

Für manche Menschen ist Reinkarnation ein Glaube, für andere ist es eine Theorie, für viele ist es ein Aberglaube, usw., aber für diejenigen, die wir uns an unsere vergangenen Leben erinnern, ist die Reinkarnation eine Tatsache.

Ich persönlich erinnere mich an all meine vergangenen Leben genauso natürlich, wie wir uns an die Zeit erinnern, in der wir uns zum Essen hingesetzt haben. Alle Weisen der Welt könnten kommen und mir sagen, dass ich mich irre; ich würde sie einfach auslachen und mitleidig betrachten, denn wie könnte ich etwas vergessen, an das ich mich erinnere? Die Reinkarnation ist für mich eine Tatsache.

Ich habe den Beginn des Lebens auf der Erde gesehen und ich bin auf dieser Erde seit der polaren Epoche.

Ich war Zeuge der Vertreibung aus Eden und ich kann bestätigen, dass das *causa causorum* des Verlustes der inneren Mächte der menschlichen Rasse die Unzucht war.

In Lemurien lebten die Volksstämme auf Farmen und die Soldaten der Stämme in ihren Quartieren. Die Waffen der Soldaten waren Pfeile und Lanzen. Auf einer einzigen riesigen Farm lebte ein ganzer Stamm.

Der sexuelle Akt fand ausschließlich in den großen Innenhöfen der Tempel zu bestimmten Zeiten im Jahr und unter Aufsicht der Engel statt. Aber die Luzifers erweckten in uns den Durst der Leidenschaft und wir verfielen der Unzucht auf den Farmen. Ich erlebte die Vertreibung aus Eden, ich war Zeuge der Vertreibung aus dem Paradies und deshalb gebe ich Zeugnis von allem, was ich gesehen und gehört habe.

Ich erinnere mich, wie wir aus der weißen Loge geworfen wurden, als wir Unzucht trieben. Die großen Hierophanten der großen Mysterien warfen uns aus dem Hof ihrer Tempel, als wir von der verbotenen Frucht aßen. Seit dieser Zeit durchlaufen wir menschlichen Wesen Millionen von Geburten und Toden, so zahlreich wie die Sandkörner am Meer.

Der Plan der Engel war, dass der sexuelle Verkehr mit der Frau enden sollte, sobald der Mensch ein Gehirn und eine Kehle zum Sprechen bekommen hätte. Das war der Plan der Engel, aber die Luzifers zerstörten diesen Plan und so fiel der Mensch in den Abgrund. Ein Retter wurde der Menschheit geschickt, aber wahrlich, es ist traurig es zu sagen, die menschliche Evolution ist gescheitert.

Während der polaren und hyperboreischen Epoche und am Anfang von Lemurien waren wir Hermaphroditen und die Fortpflanzung fand durch „Sporen“ statt, die sich von den Waden lösten. Der Mensch nutzte seine zwei Pole, den positiven und den negativen Pol seiner sexuellen Energie, um durch Sporen zu erschaffen.

Mit der Teilung in gegensätzliche Geschlechter konnte der Mensch einen Pol seiner sexuellen Energie behalten, um das Gehirn und die Kehle zu bilden. Deshalb war die sexuelle Kooperation für die Reproduktion der Rasse notwendig.

Der sexuelle Akt wurde unter der Leitung der Engel zu bestimmten Zeiten des Jahres vollzogen. Der Plan der Engel war, dass sobald das Gehirn und die Kehle gebildet waren, der Mensch seine Evolution fortsetzen sollte, indem er seinen Körper mit der Macht des Wortes schaffen sollte. Ich war Zeuge all dieser Dinge und darum ist die Reinkarnation eine Tatsache für mich.

Ich habe die finstere und tantrische sexuelle Magie kennengelernt, die Cherenzi und Parsifal predigen, ich habe gesehen, wie diese

Magie von den schwarzen Magiern von Atlantis ausgeübt wurde und deshalb der Kontinent Atlantis durch große Kataklysmen untergegangen ist.

Ich habe die Ägypter und die Römer kennengelernt und ich sah, wie Nero auf seiner Sänfte sitzend durch die Tore des antiken Rom der Cäsaren auf den Schultern seiner Sklaven getragen wurde. Seit mehr als achtzehn Millionen Jahren evolutionieren die menschlichen Wesen durch den Kreislauf von Geburten und Toden. Es ist traurig … sehr traurig … es zu sagen: Die Wahrheit ist, dass die menschliche Evolution gescheitert ist.

Eine sehr kleine Gruppe von Seelen wird sich im strahlenden Wassermannzeitalter reinkarnieren können. Ich kenne die pseudo-spiritualistischen Theoretiker der Welt sehr gut. Und ich weiß schon, dass sie über meiner Behauptungen lachen werden und glauben, dass ich dumm bin … arme Leute … Ich kenne alle ihre Theorien auswendig, ich kenne alle ihre Bibliotheken und ich kann versichern, dass der größte Teil der Spiritualisten dieser Gesellschaften, Lehrsäle, Orden, usw., auf dem schwarzen Pfad wandeln.

Es ist unglaublich, aber unter den bescheidenen Bauern und einfachen Leuten, die nie irgendwelche Theorien oder „Speisen der Toten“ verschlungen haben, gibt es Seelen, die wirklich leuchten, Seelen, die Millionen Mal mehr evolutioniert sind, als jene Scheinheiligen, die vor dem Publikum sanft lächeln, in all diesen Papageienkäfigen des tief verwurzelten profanen Spiritualismus.

Die Engel, die über das Gesetz der Reinkarnation herrschen, sind eng verbunden mit dem Reich der Elementarwesen der Aloe.

Das Mantram für dieses Elementarwesen ist „***M***“.

Die korrekte Verbalisierung dieses Lautes geschieht mit geschlossenen Lippen.

Dieser Klang ähnelt dem Muhen eines Rindes. Aber ich will damit nicht sagen, dass man ein Rind imitieren soll. Wenn man den Laut verbalisiert, tut man es mit geschlossenen Lippen und der Ton kommt durch die Nase. Jedes menschliche Wesen kann sich an seine vergangenen Leben durch die Übung der Rückschau erinnern.

Ihr könnt die Übung der Rückschau täglich machen, um euch genau an alle Ereignisse zu erinnern, die am Vortag geschehen sind, um euch in umgekehrter Reihenfolge an alle Ereignisse zu erinnern, die in den letzten acht Tagen, fünfzehn Tagen, im letzten Monat, den letzten zwei Monaten, im letzten Jahr, in den letzten zehn, zwanzig Jahren geschehen sind, bis ihr euch genau an jene Geschehnisse der ersten Jahre eurer Kindheit erinnert.

Wenn der Schüler bei seinen Übungen der Rückschau zu den ersten drei oder vier Lebensjahren gelangt, wird es sehr schwierig werden, sich auch an die Ereignisse der ersten Jahre der Kindheit zu erinnern. Wenn der Schüler diesen Punkt erreicht, sollte er seine Übung während jener Momente des Übergangs zwischen Wachen und Schlafen praktizieren.

Dann wird er sich in Traumbildern genau an alle Details seiner Kindheit erinnern, denn während des Schlafes treten wir dem Unterbewusstsein in Kontakt, wo all unsere Erinnerungen gespeichert sind.

Diese Methode der inneren Rückschau, bei der wir den Zustand zwischen Wachen und Schlafen nutzen, können wir verlängern, bis wir uns an jene Momente erinnern, die dem Tod unseres vergangenen physischen Körpers vorangingen, die letzten schmerzvollen Szenen. Und wenn wir mit der Übung der Rückschau fortfahren, können wir uns an unsere gesamte vergangene Reinkarnation erinnern und an alle vorangegangenen.

Diese Übung der tiefen, inneren und feinfühligen Rückschau erlaubt uns, uns an all unsere vergangenen Leben zu erinnern.

Die Magie der Elementarwesen des Balsambaums (Myroxylon balsamum)

Der Balsambaum symbolisiert Weisheit und Gerechtigkeit. Das Mantram für diesen Baum ist ***Toliphando***.

Das Reich der Elementarwesen des Balsambaums ist eng verbunden mit dem Tätigkeitsbereich des Karmas. Das Reich der Elementarwesen des Balsambaums wird von den Herren des Karmas regiert. Die Herren des Karmas notieren in ihren Büchern genau all unsere Schulden.

Wenn wir Kapital haben, um zu bezahlen, bezahlen wir und machen ein gutes Geschäft.

Aber wenn wir kein Kapitel haben, mit dem wir bezahlen können, müssen wir unausweichlich mit Schmerz bezahlen. Tut gute Werke, damit ihr eure Schulden bezahlt. Man bezahlt nicht nur Karma für das Böse, das man tut, sondern auch für das Gute, das man hätte tun können, aber nicht getan hat.

Liebe ist Gesetz, aber bewusste Liebe.

Man kann auch viel Karma bezahlen, viele Schulden begleichen, indem man Sexualmagie praktiziert, weil das Blut des Lammes die Sünden der Welt hinwegnimmt.

Es ist auch möglich, bei den Herren des Karmas um einen Kredit zu fragen, aber diese Kredite muss man zahlen, indem man sich für die Menschheit opfert.

Alle diese Geschäfte vereinbart man mit den Herren des Karmas, indem man persönlich in den inneren Welten mit ihnen spricht.

Die Magie der Elementarwesen der Pfefferminze (Mentha Piperita)

Das Reich der Elementarwesen der Pfefferminze ist eng verbunden mit den drei Runen: *Ar*, *Tyr* und *Bar*. Die erste Rune, *Ar,* repräsentiert Gott im Menschen, die göttlichen Kräfte, die im menschlichen Wesen wirken und den heiligen Altar des Lebens.

Die zweite Rune, *Tyr,* repräsentiert die göttliche Dreieinigkeit, die sich im Rad der Geburt und des Todes reinkarniert.

Die dritte Rune, *Bar,* repräsentiert den Menschen.

Der herrschende Engel der Pfefferminze hilft uns, von der Dunkelheit ins Licht zu gelangen. Die Hierarchien, die mit diesem Reich der Elementarwesen der Pfefferminze verbunden sind, wirken, indem sie die reinkarnierenden Seelen durch den engen Weg leiten, der zur Gebärmutter führt.

Die Tätigkeit der göttlichen Hierarchien der Pfefferminzpflanze ist in den drei Runen *Is*, *Rita* und *Gibor* zusammengefasst.

Is repräsentiert den Phallus, in dem sich die gesamte Macht der sexuellen Kräfte befindet.

Rita repräsentiert die Rose, die die göttliche Gerechtigkeit symbolisiert.

Gibor repräsentiert den Buchstaben „G“ der Zeugung (auf Spanisch: „Generación“).

In diesen drei grundlegenden Buchstaben liegt der Tätigkeitsbereich jener großen Wesen, die mit dem Reich der Elementarwesen der Pfefferminze verbunden sind.

Der gesamte wissenschaftliche Prozess der Reinkarnation, der gesamte biologische Prozess der Zeugung des Fötus wird weise von jenen Engeln regiert, die mit dem Reich der Elementarwesen der Pfefferminze verbunden sind. Die Reise des männlichen Spermas durch den engen Weg der Eileiter ähnelt sehr jenem engen, schmalen Weg, der von der Dunkelheit zum Licht führt.

In den antiken Tempeln der Mysterien gelangte der Neophyt zum Altar des Tempels, nachdem er den engen, schmalen Weg durchquert hat, der ihn von der Dunkelheit zum Licht führte.

Die Hierarchien, die mit der Pfefferminzpflanze verbunden sind, leiten wissenschaftlich und in Einklang mit dem kosmischen Gesetz alle biologischen Prozesse der Fortpflanzung der Rasse.

Der herrschenden Engel dieses Reichs der Elementarwesen der Natur führen uns weise durch den engen Weg der Tempel der Mysterien und geleiten uns zum Altar der kosmischen Erleuchtung.

Die Pfefferminzpflanze ist eng verbunden mit der Akasha-Chronik der Natur. Die Mantrams der Pfefferminzpflanze erlauben uns, uns an unsere vergangenen Reinkarnationen zu erinnern.

Diese Mantrams sind ***Raom – Gaom***. Diese Mantras könnt ihr mental singen, während der Übung der Rückschau, während der tiefen Meditation, um euch an eure vergangenen Leben zu erinnern.

Die Mantras ***Raom – Gaom*** erlauben uns, die versiegelten Archive der Erinnerungen zu öffnen, um uns an unsere vergangenen Reinkarnationen zu erinnern.

Das ist die Magie der Elementarwesen der Pfefferminzpflanze. Vielen Schülern mag es seltsam und ungewöhnlich erscheinen, dass ich die Pfefferminzpflanze mit dem Gesetz der Reinkarnation und den biologischen Prozessen der menschlichen Empfängnis in Verbindung bringe.

Hermes Trismegistos, zitiert von H. P. Blavatsky im ersten Band der „Geheimlehre“, sagt:

Die Schöpfung des Lebens durch die Sonne geht ebenso beständig vor sich wie ihr Licht; nichts hemmt oder begrenzt sie. Rund um sie, wie eine Schar von Trabanten, stehen unzählige Chöre von Genien.

Diese wohnen in der Nachbarschaft der Unsterblichen, und bewachen von dort aus die menschlichen Dinge. Sie vollführen den Willen der Götter (Karma) mit Hilfe von Stürmen, Ungewittern, Übergangszeiten von Feuern und Erdbeben; gleicherweise durch Hungersnöte und Kriege, zur Bestrafung der Gottlosigkeit. Die Sonne ist es, die alle Geschöpfe erhält und ernährt; und, sowie die ideale Welt selbst, welche die Sinnenwelt umgibt, diese letztere mit der Fülle und der allumfassenden Verschiedenheit von Formen erfüllt, so vollendet auch die Sonne, die alles mit ihrem Lichte umhüllt, überall die Geburt und Entwicklung der Geschöpfe ...

Unter ihrem Befehle steht der Chor der Genien oder vielmehr die Chöre, denn es sind ihrer viele und verschiedenartige, und ihre Zahl entspricht der der Sterne. Jeder Stern hat seine Genien, gut oder böse von Natur, oder vielmehr nach ihrer Wirkung, denn Wirkung ist das Wesen der Genien ...

Alle diese Genien leiten die weltlichen Angelegenheiten, sie erschüttern und stürzen die Konstitution der Staaten und der Individuen; sie prägen ihr Ebenbild auf unsere Seelen, sie sind gegenwärtig in unseren Nerven, unserem Mark, unseren Venen, unseren Arterien und unserer Gehirnsubstanz selbst ...

In dem Augenblicke, da ein jeder von uns Leben und Dasein empfängt, wird er von den Genien (Elementarwesen) in Obhut genommen, welche den Geburten vorstehen, und welche unter die Astralkräfte (die übermenschlichen Astralgeister) gerechnet werden. Sie wechseln beständig, nicht immer auf gleiche Art, aber sich in Kreisen bewegend. (Zyklische Fortschritte in Bewegung)

Sie durchdringen mittelst des Körpers zwei Teile der Seele, so dass sie von jedem den Eindruck seiner eigenen Energie erhalten kann. Aber der vernünftige Teil der Seele ist den Genien nicht unterworfen; er ist bestimmt für die Aufnahme von (dem) Gott (der Innerste)*, welcher ihn mit einem sonnenartigen Strahl erleuchtet.*

Die derartig Erleuchteten sind wenige an Zahl, und von ihnen halten sich die Genien ferne; (so befreit sich der Mensch vom Karma) *denn weder Genien noch Götter haben irgendwelche Macht angesichts der Gegenwart eines einzigen Strahles Gottes. Aber alle anderen Menschen werden sowohl an Seele als an Körper von den Genien gelenkt, welche an ihnen haften und ihre Handlungen beeinflussen ...*

Die Genien haben dann die Kontrolle der weltlichen Dinge, und unsere Körper dienen ihnen als Werkzeuge.

Diese elementalen Genien der Natur werden in Indien Bhuts, Devas, Shaitan und Djin genannt. All diese großen Wesen sind Kinder des Feuernebels, sie sind das Heer der Stimme, sie sind vollkommene Wesen. Alles was im Universum existiert, ist aus ihren Samen entstanden. Die Samen alles Existierenden sind die monadischen Essenzen des Feuernebels.

Nachdem das Herz des Solarsystems nach der großen kosmischen Nacht zu pulsieren begonnen hatte, zerstreuten die „verschlingenden" Atome des Feuernebels alle Atome der monadischen Essenzen, damit aus ihnen das elementale Leben der vier Reiche der Natur entstehe.

Jedes Atom der Natur ist der Körper eines jungfräulichen Funkens, der unaufhörlich durch Zeit und Raum evolutioniert. Diese jungfräulichen Funken sind die göttlichen Monaden, die das Saatgut des Kosmos bilden. Diese jungfräulichen Funken in ihrer Gesamtheit werden monadische Essenzen genannt. Jedes einzelne Atom unseres physischen Körpers und unserer inneren Körper ist die lebendige Inkarnation dieser jungfräulichen Funken.

All diese jungfräulichen Funken evolutionieren und entwickeln sich unter der Leitung der Engel. Unsere Schüler werden nun verstehen, warum die Engel der Pfefferminzpflanze all diese Prozesse der Entwicklung des Fötus und der Fortpflanzung der Rasse leiten. Es gibt drei Aspekte der kosmischen Evolution, die auf unserer Erde überall vermischt und verflochten sind.

Diese drei Aspekte sind: die monadische Evolution, die mentale Evolution und die physische Evolution. Aber die monadischen Essenzen in der evolutiven Entwicklung sind die Grundlage der mentalen und physischen Entwicklung.

Entsprechend der Entwicklung der monadischen Essenzen transformiert sich die gesamte große Natur. Jeder Einzelne dieser drei evolutiven Strömungen wird von verschiedenen Gruppen von Dhyanis oder Logos geleitet und regiert. Diese Gruppen von göttlichen Wesen sind in unserer gesamten menschlichen Konstitution repräsentiert.

Die monadische Strömung in Verbindung mit der evolutiven Welle des Verstandes, die durch die Manasa-Dhyanis (die solaren Devas oder die Pitris-Agnishvatta) repräsentiert werden und der Evolution der physischen Welt, repräsentiert durch die Chhayas der lunaren Pitris, bildet das, was man Mensch nennt.

Die Natur, die physische Kraft der Evolution, kann niemals Bewusstsein oder Intelligenz ohne die Hilfe dieser göttlichen Engel entwickeln. Die *Manasa-Dhyanis* sind diejenigen, die das menschliche Wesen mit Verstand und Intelligenz ausstatten.

Jedes jungfräuliche Atom des Mineralreiches ist der physische Körper einer göttlichen Monade, die danach strebt, ein Mensch zu werden. Wir lesen den folgenden Kommentar im ersten Band der „Geheimlehre“ von H. P. Blavatsky:

Jedes Atom auf Erden und jeder Punkt (Atom) im Raum strebt in seinem Drängen nach Selbst-Bildung dem Vorbild zu folgen, das ihm im „himmlischen Menschen“ vorgestellt ist ...

Seine (des Atoms) Involution und Evolution, sein äußeres und inneres Wachsen und Sichentwickeln, haben alle ein und dasselbe Ziel – den Menschen; den Menschen, als die höchste physische und letzte Form auf dieser Erde; die „Monade“, in ihrer absoluten Totalität und erwachten Zustand – als den Gipfelpunkt der göttlichen Inkarnationen auf Erden.

All die tierischen, pflanzlichen und mineralischen Elementarwesen werden zu Menschen werden in den Zeitaltern von Jupiter, Venus und Vulcanus. Letztendlich sind all unsere vier niederen Körper aus atomaren Elementarwesen oder atomarem Bewusstsein gebildet, regiert von den Devas oder Engeln der Natur.

Unser individuelles Leben ist eng verbunden mit dem universalen Leben. Und das innere Leben der Pflanzen befindet sich in uns selbst. Und die Regenten der verschiedenen Reiche der Elementarwesen der Natur sind in uns selbst und regieren all unsere biologischen Prozesse und unsere mentalen Prozesse und die Prozesse des Bewusstseins. Die vier Jahreszeiten sind in uns selbst, sie wiederholen sich in unserem inneren Bewusstsein.

Deswegen ist es unmöglich, unser Leben vom großen Ozean des universalen Lebens zu trennen und mit einem einfachen Kraut können wir einen Sturm entfesseln und die Erde erbeben lassen, denn das Leben eines unbedeutenden Krautes ist verbunden mit allen Leben dieses großen universalen Lebens.

Kraft und Kräfte sind in der Schöpfung eng verbunden.

Das Leben jeder einzelnen Pflanze der Natur wiederholt sich in uns selbst und die gesamte Summe aller Summen ergibt das, was man menschliches Wesen nennt.

Die Magie der Elementarwesen des Feigenbaums (Ficus Carica oder Ficus Communis)

Da sah er einen Feigenbaum am Wege, ging hinzu, fand aber nichts daran als nur Blätter. Da sprach er zu ihm: „Nimmermehr komme Frucht von dir in Ewigkeit!" Und auf der Stelle verdorrte der Feigenbaum. (Matthäus: 21:19)

Das Reich der Elementarwesen des Feigenbaums gehört den sexuellen Kräften an. Das Mantram der Elementarwesen der Feigenbäume ist ***Afiras***

Die Hierarchien, die mit diesem Reich der Elementarwesen der Natur verbunden sind, sind diejenigen, die das Karma bei den Unzüchtigen zur Anwendung bringen. Für die Unzüchtigen wird der zweite Tod ein brennender See mit Feuer und Schwefel sein.

Ein Baum, der keine Früchte gibt, soll gefällt und ins Feuer geworfen werden. Die wunderbare Macht der Sexualität befindet sich in Kundalini. Es existieren sieben kosmische Kräfte:

Erstens: die Kraft des Glorian. Zweitens: *Para Shakti* (Licht und Wärme). Drittens: *Jnana Shakti* (Weisheit, Intelligenz). Viertens: *Iccha Shakti* (Willenskraft). Fünftens: *Kriya Shakti* (Christus-Verstand). Sechstens: *Kundalini Shakti* (sieben Schlangen). Siebtens: *Mantrika Shakti* (Die Macht des Wortes).

Diese sieben kosmischen Kräfte sind in Kundalini Shakti eingeschlossen und Kundalini ist eingeschlossen in der sexuellen Kraft des männlichen Geschlechtsteils und der Vulva. Das Geheimnis, um Kundalini zu erwecken, liegt in der Vereinigung von Phallus und Uterus. Kundalini evolutioniert und entwickelt sich innerhalb der Aura des solaren Logos.

Die Evolution von Kundalini hängt von der Evolution der sechs restlichen Kräfte ab. Die gesamte Macht des Verstandes, die gesamte Macht von Licht und Wärme, die gesamte Macht des Wortes und des Willens ist eingeschlossen in der heiligen Schlange, deren Macht sich im Phallus und im Uterus befindet.

Ein Baum, der keine Früchte gibt, wird gefällt und ins Feuer geworfen. Die Unzüchtigen sind unfruchtbare Feigenbäume, die gefällt und ins Feuer geworfen werden. Der Feigenbaum symbolisiert die weiblichen sexuellen Kräfte, die wir zu handhaben lernen müssen.

Der Hahn und der Feigenbaum repräsentieren die sexuellen Kräfte. Deshalb darf im Drama des Kalvarienberges der Hahn der Passion nicht fehlen. Der Feigenbaum repräsentiert nur die weiblichen sexuellen Kräfte. Es ist unmöglich, sich grundlegend zu verwirklichen, ohne die Alchemie der solaren weiblichen Kräfte.

Christus, in seiner Rolle als kosmischer Christus sagte: *Ich bin die Tür. Wenn einer durch mich hineingeht, wird er Heil erfahren; er wird hineingehen und herausgehen und Weide finden.* (Johannes 10:9).

Diese christonische Substanz des Retters der Welt befindet sich in unserem christonischen Samen und deshalb ist das Eingangstor von Eden in unseren Sexualorganen.

Durch die sexuelle Alchemie transmutieren wir den christonischen Samen in die feinste christische Energie, mit der wir in unserem Astralkörper ein subliminales Vehikel, einen höheren Astralkörper, das Christus-Ich bilden. (Siehe unser Buch „Alquimia Sexual“).

Dieses Christus-Ich, das aus der Essenz des Retters der Welt gebildet wird, ist das Eingangstor zu den großen Mysterien des Feuers. Die Mysterien des Feuers kann man nur kennenlernen, indem man durch das Tor von Eden geht.

Es ist vollkommen unmöglich, in die großen Mysterien des Verstandes einzutreten, ohne vorher das Christus-Ich in unserem Astralkörper gebildet zu haben. (Siehe unser Buch „Las siete Palabras“)

Christus und Jehova müssen in uns gebildet werden, um in die großen Einweihungen des Feuers einzudringen.

Jehova in uns ist der Heilige Geist, der das Ergebnis der unaufhörlichen Transformationen unseres christonischen Samens ist. Christus und Jehova leben in uns als Samensubstanzen. Die Erleuchtung der Meister kommt vom Heiligen Geist. Der Herr Jehova in uns ist der Heilige Geist, dessen Allwissenheit uns innerlich erleuchtet.

Wir müssen Christus und Jehova in uns bilden, um ins Nirvana eintreten zu dürfen. Alle okkulten Mächte eines Meisters kommen von der christischen Substanz und von der Erleuchtung des Heiligen Geistes in uns. Aber wir dürfen nicht vergessen, dass jeder von uns eigentlich ein Stern ist.

Dieser Stern, der in uns lodert, ist der Vater, dessen göttliche Individualität wir absorbieren müssen, um die vollkommene göttliche Dreieinigkeit zu vervollständigen.

Wir müssen den Vater, den Sohn und den Heiligen Geist in uns bilden. Christus und Jehova befinden sich in uns als Samensubstanzen. Der Herr Jehova bildet sich in uns durch die Umwandlung des Samens.

Die allwissenden Mächte des Adepten sind eingeschlossen im Heiligen Geist. Der Herr Jehova ist ein göttliches Wesen, erfüllt von Allwissenheit und Macht.

Diese Substanz des Herrn Jehova ist überall verbreitet, ebenso wie die christonische Substanz des solaren Logos.

Den Herrn Jehova in uns zu bilden, bedeutet, den Heiligen Geist in uns zu bilden. Der Heilige Geist verleiht dem Meister Weisheit und magische Mächte.

Der Herr Jehova und der Herr Christus sind also gleichzeitig individuelle Wesen und kosmische Essenzen, die im Samen gespeichert sind.

Es ist unendlich bedauernswert, dass es bis zur gegenwärtigen Epoche keine fortgeschrittenen Okkultisten gibt, die erklären könnten, wer der Herr Jehova ist.

Max Heindel beging den Fehler, den Herrn Jehova als eine göttliche Wesenheit der Vergangenheit zu betrachten.

H. P. Blavatsky hielt Jehova für Ilda-Baoth, ein Name, der zusammengesetzt ist aus Ilda, was „Kind" bedeutet, und Baoth, „aus dem Ei und Chaos, Leere oder Öde"; oder „das Kind, das aus dem Ei des Chaos geboren ist", wie Brahma oder Jehova, der nach Blavatsky nur einer der Elohim ist, einer der sieben schöpferischen Geister und einer der niederen Sephiroth.

Diese vagen Erklärungen, die H. P. Blavatsky und Max Heindel über Jehova geben, erfüllen wirklich nicht die Sehnsüchte der Seele. Huiracocha glaubt, dass Jehova lediglich die fünf Vokale I – E – O – U – A darstellt, was vollkommen absurd ist.

Es ist richtig, wenn wir Johannes mit den fünf Vokalen I – E – O – U – A in Verbindung bringen, aber Jehova ist etwas anderes. Jehova ist ein göttliches Wesen. Jehova ist umgewandelter Samen. Jehova ist der Heilige Geist in uns. Der göttliche Rabbi von Galiläa erzählte uns Folgendes, als er vom Heiligen Geist sprach:

Auch ich sage euch: Bittet, und es wird euch gegeben werden; sucht, und ihr werdet finden; klopft an, und es wird euch aufgetan werden.

Denn jeder, der bittet, empfängt; wer sucht, der findet; und wer anklopft, dem wird aufgetan werden.

Wo ist unter euch ein Vater, der seinem Sohn, der ihn um Brot bittet, einen Stein gäbe? Oder um einen Fisch, und statt des Fisches eine Schlange ihm gäbe?

Der, wenn er um ein Ei bittet, ihm einen Skorpion dafür gäbe?

Wenn nun ihr, die ihr böse seid, euren Kindern gute Gaben zu geben wisst, wie viel mehr wird der Vater vom Himmel Heiligen Geist denen geben, die ihn bitten! (Lukas: 11:9 – 13)

All die magischen Kräfte der Meister sind auf den Heiligen Geist zurückzuführen. Der Heilige Geist gibt uns Weisheit und magische Kräfte. Der Heilige Geist ist reiner transmutierter Samen.

Wenn Kundalini das Brahmarandra erreicht und durch die Fontanelle des neugeborenen Kindes in die äußere Welt gelangt, nimmt sie mit ihren allwissenden Atomen die mystische Gestalt der weißen Tauben des Heiligen Geistes an, die in den Flammen des heiligen Feuers schwebt.

Diese weiße Taube verleiht dem Adepten Weisheit und magische Kräfte. Diese speziellen Atome von Kundalini, mit denen wir den Heiligen Geist in uns bilden, wurden in der Morgenröte des Lebens auf diesem Planeten vom Herrn Jehova in unserem christonischen Samen deponiert. So wie wir das Blut unserer Eltern in unseren Venen tragen, ebenso tragen wir in unserem Samen die heiligen Essenzen des Christus, Jehova und des Vaters. Mit der cristischen Substanz bilden wir das Christus-Ich, mit dem wir das „tierische Ich" ersetzen.

Mit der tierischen Substanz von Jehova bilden wir den Heiligen Geist in uns, mit dem wir die okkulte Weisheit und die göttlichen Mächte erlangen. Mit der Samensubstanz des Vaters stärken wir den Innersten, um den Vater in uns zu bilden. So bilden wir den Vater, den Sohn und den Heiligen Geist in uns und verwandeln uns in schreckliche Majestäten des Universums.

All die Mysterien der Elektrizität, des Magnetismus, der Polaritäten, des Lichtes und der Wärme sind in unseren Sexualorganen eingeschlossen. Die gesamte Siebenheit des menschlichen Wesens wird vollkommen in unserer ewigen Dreieinigkeit absorbiert.

Die gesamte Siebenheit wird in der göttlichen Dreieinigkeit synthetisiert: Atman-Buddhi-Manas.

Das Christus-Ich wird im höchsten Bewusstsein des Seins absorbiert, in der Diamantseele, im Buddhi.

Der Heilige Geist in uns wird im Körper des Willens absorbiert, dem höheren Manas oder dem Kausalkörper. Die reine Essenz des Samens des Vaters wird im Innersten absorbiert, um den Vater in uns zu bilden. So wird die menschliche Siebenheit zu einer vollkommenen Dreieinigkeit reduziert, deren Vehikel, um sich konkret auszudrücken, der menschliche Bodhisattwa ist (das astrale Ich des Meisters).

Im Osten sagt man, dass die Buddhas doppelt sind. Es existiert der himmlische Mensch und der irdische Mensch.

Es existieren die irdischen Buddhas und die Buddhas der Kontemplation.

Fünfzig Jahre nach seinem Tod sandte Buddha seine menschliche Seele oder seinen Heiligen Geist, der in seinem höheren Manas eingeschlossen und absorbiert ist, zur Erde, damit er sich wieder inkarnieren und seine Arbeit beenden konnte.

Sein Boddhisatwa vollendete diese Mission unter der Leitung des Shankaracharya. Shankara war ein Strahl des ursprünglichen

Lichtes, er war eine Flamme. Shankara verknüpfte die buddhistische Doktrin mit der Advaita Philosophie. So beendete der astrale Bodhisattwa des Buddhas das Werk des inneren Meisters.

Ein Bodhisattwa wird vom Heiligen Geist eines Meisters gebildet und mit den vier niederen Körpern bekleidet. Das ist das größte Mysterium der menschlichen Persönlichkeit. Das ist das Mysterium der doppelten menschlichen Persönlichkeit. Das ist eines der größten Mysterien des Okkultismus.

Der innere Meister kann seinen Heiligen Geist zur Erde senden, damit er, umhüllt mit einem Mental-, Astral-, Vitalkörper und physischen Körper, eine wichtige Mission erfüllen kann. Christus, der göttliche Erlöser der Welt, sandte nach seinem irdischen Tod seinen menschlichen Bodhisattwa, aber die Menschen erkannten ihn nicht.

Aber im Wassermannzeitalter wird sich die christische Dreieinigkeit in einer ganzheitlichen Form reinkarnieren, um die Menschheit die christische Esoterik zu lehren.

Die gnostische Bewegung hat dann ihre Früchte hervorgebracht, und die gesamte Menschheit des Wassermannzeitalters wird vorbereitet sein, um die letzten Lehren des Meisters zu verstehen.

Man muss unterscheiden zwischen den Avataren und dem Retter. Johannes der Täufer war der Avatar des Fischzeitalters und ich bin der Avatar des Wassermannzeitalters. Der Retter der Welt ist kein Avatar, er ist mehr als alle Avatare, er ist der Retter. Wir, die Avatare sind nur die Lehrer und Gründer einer neuen Ära.

Christus ist mehr als alle Lehrer, er ist der Retter. Die Hierarchien, die mit dem Reich der Elementarwesen des Feigenbaumes verbunden sind, haben die Aufgabe, das Karma auf alle Bösartigen, Sodomiten und all jene sexuell Degenerierten, die es so reichlich in der Menschheit gibt, anzuwenden.

Der Name des herrschenden Engels dieses Reichs der Elementarwesen der Natur ist *Najera*. Die Elementarwesen dieses Reichs der Elementarwesen des Feigenbaumes tragen weiße Tuniken und sind Kinder von außergewöhnlicher Schönheit. Diese weiße Tunika repräsentiert die Keuschheit und Heiligkeit. Die Mitglieder aller spiritualistischen Schulen hassen die Keuschheit und umgehen sie geschickt, indem sie einen Ausweg durch die falsche Türe ihrer Theorien suchen.

Ihre eigene Schwäche, ihr eigener Mangel an Willenskraft lässt sie subtilste Ausreden suchen, um das Problem der Keuschheit zu umgehen. Manche beginnen sogar Sexualmagie zu praktizieren, aber sie erliegen sehr schnell dem leidenschaftlichen Verlangen ihrer unzüchtigen Ehefrauen. Deswegen sagen wir Gnostiker: „Unser Motto ist *The–Le–Ma*" (Willenskraft).

All diese Spiritualisten der Unzucht sind schwarze Magier, denn sie gehorchen dem Befehl nicht, der vom Herrn Jehova in den folgenden Versen gegeben wurde:

Gott, der Herr, gebot dem Menschen: Von allen Bäumen des Gartens darfst du essen, nur vom Baum der Erkenntnis von Gut und Böse darfst du nicht essen; denn am Tage, da du davon isst, musst du sterben. (Genesis 2:16 – 17)

Die perversen Anhänger all dieser Pseudo-Spiritualisten und mystischen Theoretikern des weltlichen Professionalismus können dieses Gebot des Herrn Jehova nicht übergehen. Das Gebot des Herrn Jehova muss erfüllt werden, koste es, was es wolle. Die Unzüchtigen sind unfruchtbare Feigenbäume, Bäume ohne Früchte, die gefällt und ins Feuer geworfen werden.

Kapitel XVI

Der Verstand und die Sexualität

Alles, was bisher über den Verstand geschrieben wurde, war nur eine Einleitung für die heiligen Studien der *feurigen Rose*.

Vivekananda ist der, der am klarsten über den Verstand gesprochen hat, aber seine Lehren sind nur einleitende Grundbegriffe für die ernsthaften Studien des Verstandes. Der Verstand ist eng verbunden mit der Sexualität und es ist unmöglich, den Verstand zu studieren, ohne das sexuelle Problem zu studieren.

Es gibt unzählige Schüler des Okkultismus, die sich dem Yoga und den Lehren des Krishnamurti widmen, aber weil diese armen Wesen unaufhörlich Unzucht betreiben, erreichen sie nichts und verlieren bedauerlicherweise nur Zeit.

Es ist unmöglich, den Verstand von der Sexualität zu trennen; der Verstand und die Sexualität sind eng verbunden, und wenn unsere Schüler den Materie-Verstand in den Christus-Verstand verwandeln wollen, müssen sie ihren Kelch (Gehirn) mit dem heiligen Wein (Samen) des Lichtes füllen.

Es ist unmöglich, den Verstand zu christifizieren, solange wir Unzucht betreiben. Man muss intensiv Sexualmagie praktizieren, um den Verstand zu transformieren. Durch die Sexualmagie füllen wir unseren Verstand mit transformierten Atomen einer höheren Spannung. So bereiten wir unseren Mentalkörper für den Advent des Feuers vor.

Wenn die feurige Schlange des Mentalkörpers den Materie-Verstand in den Christus-Verstand umgewandelt hat, befreien wir uns von den vier Körpern der Sünde. Aber auch unsere ledigen Schüler können große Erfolge erzielen mit der schrecklichen Kraft des Opfers.

Die sexuelle Abstinenz ist ein gewaltiges Opfer. Franz von Assisi christifizierte sich vollkommen durch die Kraft des Opfers.

Die Junggesellen müssen ihre Willenskraft und ihre Vorstellungskraft, die in pulsierender Harmonie verbunden sind, auf die sexuellen Drüsen konzentrieren und ihre sexuelle Kraft entlang der Wirbelsäule von den sexuellen Drüsen bis zum Gehirn aufsteigen lassen. Dann müssen sie die sexuelle Energie nacheinander zum Punkt zwischen den Augenbrauen, dem Hals und dem Herzen leiten.

Während dieser Praxis muss unser Schüler folgendes Mantram singen: ***Kandil Bandil Rrrrrrrrrrrrrr***.

Man singt diese Mantrams auf folgende Art:

Kan mit lauter Stimme, ***Dil*** mit leiser Stimme, ***Ban*** mit lauter Stimme, ***Dil*** mit leiser Stimme. Den Buchstaben ***R*** spricht man verlängert und in hoher Tonlage, indem man den Klang der Rassel der Klapperschlange imitiert.

Dies sind die mächtigsten Mantrams, die man in der gesamten Unendlichkeit kennt, um Kundalini zu erwecken. Jene Schüler, die gegen ihren Willen aus bestimmten Gründen keine Sexualmagie mit ihrer Priestergattin praktizieren können, müssen ewige Keuschheit schwören und in alle Ewigkeit nie wieder eine Frau anrühren.

Unsere ledigen weiblichen Schüler müssen dieselbe Übung der sexuellen Transmutation ausführen, die wir unseren männlichen Schülern gegeben haben. Unsere verheirateten weiblichen Schüler müssen die Sexualmagie mit ihren Ehemännern praktizieren.

Wenn sie gegen ihren Willen aus bestimmten Gründen keine Sexualmagie mit ihren Ehemännern praktizieren können, müssen sie sich völlig enthalten, um Kundalini mit der Kraft des Opfers zu erwecken und sie müssen die Übung der Transmutation praktizieren, die ich für Junggesellen gegeben habe.

Jede Flamme braucht Brennstoff, um zu brennen. Die heilige Flamme unseres Leuchters hat auch ihr Brennmaterial; dieses Brennmaterial ist unser goldenes Öl, es ist unser christonischer Samen.

Der Mensch, der sein heiliges Öl verschwendet, kann seinen Leuchter nicht entzünden.

Der Engel, der zu mir redete, weckte mich abermals wie einen, der aus dem Schlaf geweckt wird. Er sprach zu mir: "Was siehst du?" Ich erwiderte: "Ich sehe einen Leuchter, ganz von Gold, und oben auf ihm ist eine Schale nebst sieben Lampen darüber mit je sieben Schnauzen an den Lampen, die oben darauf sind.

Zwei Ölbäume stehen daneben, einer zu seiner Rechten und einer zu seiner Linken. (Zacharias, 4:1 – 3)

Da fragte ich ihn: „Was bedeuten diese zwei Ölbäume zur Rechten und zur Linken des Leuchters?“

Und ich hob zum zweitenmal an und fragte ihn: Was bedeuten die zwei Büschel der Ölbäume, die durch zwei Röhren das Öl aus sich entleeren?

Er antwortete mir: „Weißt du nicht, was diese bedeuten?“ Ich entgegnete: „Nein, mein Herr.“

Da sprach er: „Das sind die beiden Gesalbten, die vor dem Herrn der ganzen Erde stehen“. (Zachariel, 4:11 – 14)

Diese zwei Gesalbten, die vor dem Herrn der Erde stehen, sind unsere zwei Nervenstränge, die sich um unsere Wirbelsäule winden und durch die wir unsere Samenenergie bis zum Gehirn leiten müssen. Möge der Heilige Gral mit uns sein, möge sich unser Kelch mit dem Blut des Lammes füllen.

So christifiziert sich unser Verstand. Es ist unmöglich, den Verstand ohne Feuer zu christifizieren. Unsere Schüler werden nun verstehen, warum das Wort *INRI* über dem Kopf des Gekreuzigten platziert wurde. Das Wort bedeutet: *Ignis Natura Renovatur Integra* (das Feuer erneuert unaufhörlich die Natur).

Das Konzept von Descartes – *ich denke, also bin ich* – ist vollkommen falsch, weil der wahre Mensch der Innerste ist, und der Innerste denkt nicht, denn er weiß. Was denkt, ist der Verstand, nicht der Innerste. er menschliche Verstand in seinem aktuellen Stand der Evolution ist das Tier, das wir in uns tragen. Der Innerste muss nicht denken, denn er ist allwissend.

Unser Innerster ist *Ja, Ja, Ja.*

Die Weisheit unseres Innersten ist *Ja, Ja, Ja.*

Die Liebe unseres Innersten ist *Ja, Ja, Ja.*

Wenn wir sagen: Ich bin hungrig, ich bin durstig, usw., behaupten wir etwas Absurdes, denn der Innerste ist nicht hungrig, nicht durstig; derjenige, der hungrig und durstig ist, ist der physische Körper. Es wäre richtig zu sagen: mein Körper ist hungrig, mein Körper ist durstig.

Dasselbe geschieht mit dem Verstand, wenn wir sagen: ich besitze mentale Kraft, ich besitze starke mentale Kraft, ich habe ein Problem, ich habe einen Konflikt, ich leide, bestimmte Gedanken kommen mir in den Sinn, usw.

Damit begehen wir sehr gravierende Fehler, denn dies sind Dinge des Verstandes, nicht des Innersten. Der Innerste hat keine Probleme, die Probleme gehören dem Verstand an. Der wahre Mensch ist der Innerste. Der Innerste muss den Verstand mit der schrecklichen Peitsche der Willenskraft geißeln. Der Mensch, der sich mit dem Verstand identifiziert, fällt in den Abgrund.

Der Verstand ist der Esel, auf dem wir reiten müssen, um in das himmlische Jerusalem einzutreten. Wir müssen dem Verstand wie folgt befehlen: „Verstand, nimm dieses Problem von mir; Verstand, nimm diesen Konflikt von mir; Verstand, nimm diese Begierde von mir, usw., usw., usw.

Ich erlaube dir das nicht, ich bin dein Herr und du bist mein Sklave bis zum Ende aller Zeiten." Wehe dem Menschen, der sich mit dem Verstand identifiziert, denn er verliert den Innersten und endet im Abgrund. Jene, die sagen, dass alles Verstand ist, begehen einen sehr gravierenden Fehler, denn der Verstand ist nur ein Instrument des Innersten.

All jene Werke, die dazu neigen, den Menschen vollkommen mit dem Verstand zu identifizieren, sind in der Tat schwarze Magie, denn der wahre Mensch ist nicht der Verstand. Wir dürfen nicht vergessen, dass die raffiniertesten und gefährlichsten Dämonen, die im Universum existieren, sich in der Mentalebene befinden. Der Innerste spricht folgendermaßen zum Verstand: „behaupte nicht, dass deine Augen deine Augen sind, denn ich sehe durch sie. Behaupte nicht, dass deine Ohren deine Ohren sind, denn ich höre durch sie. Behaupte nicht, dass dein Mund dein Mund ist, denn ich spreche durch ihn.

Deine Augen sind meine Augen. Deine Ohren sind meine Ohren. Dein Mund ist mein Mund.“ So spricht der Innerste zum Verstand. In den inneren Welten können wir den Mentalkörper abstreifen, um mit ihm von Angesicht zu Angesicht zu sprechen, wie zu einer fremden Person.

Dann verstehen wir zutiefst, dass der Verstand ein Fremder ist, den wir mit der schrecklichen Peitsche der Willenskraft zu handhaben lernen müssen. Die vollkommenste Keuschheit ist nötig um den Mentalkörper zu christifizieren. Das Versteck des Verlangens ist der Verstand.

Personen, die sich unfähig fühlen, mit der Unzucht aufzuhören, sollen folgendermaßen zum Verstand sprechen: „Verstand, nimm diesen sexuellen Gedanken von mir; Verstand, nimm dieses fleischliche Verlangen von mir, du bist mein Sklave und ich bin dein Herr.“

So wird der schreckliche Wolf der fleischlichen Leidenschaft das Versteck des Verstandes verlassen und jene Personen werden vollkommene Keuschheit erreichen. Der mentale Esel muss mit der schrecklichen Peitsche der Willenskraft gegeißelt werden.

Es ist unmöglich, den Verstand von der Sexualität zu trennen; der Verstand und die Sexualität sind eng verbunden, und wenn unsere Schüler den Materie-Verstand in den Christus-Verstand umwandeln wollen, müssen sie ihren Kelch mit dem heiligen Wein des Lichtes füllen.

Wenn der Verstand sich vollkommen christifiziert, dann verwandelt er sich in ein strahlendes und wunderbares Vehikel, mit dem wir alle Geheimnisse dieser feurigen Rose des Universums studieren können.

Der Christus-Verstand ist das kostbarste Werkzeug des Araht.

Kapitel XVII

Esoterische Disziplin für den Verstand

Die Meditation ist die esoterische Disziplin der Gnostiker. Die Meditation beinhaltet drei Schritte: Konzentration, Meditation und Samadhi. Konzentration bedeutet, den Verstand nur auf ein Objekt zu richten. Meditation bedeutet, über den substanziellen Inhalt dieses einen Objektes zu reflektieren.

Samadhi ist Ekstase oder Verzückung. Ein Meister des Samadhi durchdringt alle Ebenen des Bewusstseins und mit dem Auge des Dagma erforscht er alle Geheimnisse der Weisheit des Feuers.

Es ist dringend notwendig, dass unsere gnostischen Schüler lernen, ohne irgendwelche materiellen Vehikel zu arbeiten, damit sie all die Wunder des Universums mit dem Auge des Dagma wahrnehmen können. So können sich unsere Schüler zu Meistern des Samadhi werden. Der Schüler muss, während er im Bett liegt, tief über seinen physischen Körper meditieren, mit über seiner Brust gekreuzten Armen. Er soll zu sich selbst sagen: *Ich bin nicht dieser physische Körper.*

Dann soll der Schüler tief über seinen ätherischen Körper meditieren und zu sich selbst sagen: *Ich bin nicht dieser ätherische Körper.* Dann, tief in innere Meditation versunken, soll der Schüler über seinen Astralkörper reflektieren und sich sagen: *Ich bin nicht der Astralkörper.*

Der Schüler soll nun über seinen Mentalkörper meditieren und zu sich selbst sagen: *Ich bin auch nicht dieser Verstand, mit dem ich denke.*

Der Schüler soll dann über seine Willenskraft reflektieren und zu sich selbst sagen: *Ich bin auch nicht der Willenskörper.*

Der Schüler soll nun über sein Bewusstsein meditieren, und zu sich selbst sagen: *Ich bin auch nicht das Bewusstsein.*

Und schließlich, versunken in tiefe Meditation, soll der Schüler mit seinem Herzen ausrufen: *Ich bin der Innerste, ich bin der Innerste, ich bin der Innerste.*

Wenn der Schüler außerhalb all seiner Vehikel ist, verwandelt er sich in eine Majestät des Unendlichen. Er wird dann sehen, dass er nicht zu denken braucht, weil die Weisheit des Innersten „Ja, Ja, Ja“ ist. Der Schüler wird nun bemerken, dass die Handlung des Innersten „Ja, Ja, Ja“ ist.

Der Schüler wird nun verstehen, dass die Natur des Innersten absolute Glückseligkeit ist, absolute Existenz und absolute Allwissenheit. In diesen Augenblicken der höchsten Glückseligkeit verbinden sich Vergangenheit und Zukunft in einem ewigen Jetzt und die großen kosmischen Tage und die großen kosmischen Nächte finden nacheinander in einem ewigen Augenblick statt.

In dieser Fülle von Glückseligkeit können unsere Schüler all die Weisheit des Feuers innerhalb der lodernden Flammen des Universums studieren. So lernen unsere Schüler ohne irgendein materielles Vehikel zu arbeiten, um all die Geheimnisse der Magie der Elemente der Natur zu studieren. Es ist notwendig, dass der Innerste lernt, sich zu entkleiden, um ohne Vehikel im großen Alaya der Welt zu funktionieren.

Konzentration, Meditation und Samadhi sind die drei obligatorischen Pfade der Einweihung. Zuerst richten wir die Aufmerksamkeit auf den Körper, mit dem wir arbeiten wollen; dann meditieren wir über seine innere Konstitution und erfüllt mit Glückseligkeit sagen wir: *Ich bin nicht dieser Körper.*

Konzentration, Meditation und Samadhi müssen mit jedem Körper praktiziert werden. Konzentration, Meditation und Samadhi sind im Osten als Samnyasin bekannt. Wir müssen es auf jedes unserer Vehikel anwenden. Um uns jedes Einzelnen unserer niederen Vehikel zu entledigen, müssen wir ein Samnyasin auf jedes unserer Vehikel anwenden.

Die großen Asketen der Meditation sind die großen Samnyasin der kosmischen Erkenntnis, deren Flammen innerhalb der feurigen Rose des Universums lodern. Um ein Samnyasin des Denkens zu sein, ist es notwendig, vollkommene Keuschheit, Ausdauer, Gelassenheit und Geduld erreicht zu haben.

Nach einer gewissen Zeit der Übung können unsere Schüler sich selbst von all ihren sechs Vehikeln befreien, um im großen Alaya des Universums zu funktionieren, ohne irgendein Vehikel. Der Schüler wird bemerken, dass seine Träume Tag für Tag klarer werden. Er wird dann verstehen, dass, wenn sein physischer Körper schläft, der innere Mensch reist, handelt und in den feinstofflichen Welten arbeitet.

Der Schüler wird nun verstehen, dass die sogenannten Träume lebendige Erfahrungen in den inneren Welten sind. Unser Kopf ist ein Turm mit zwei Räumen, dem Großhirn und dem Kleinhirn. Das Kleinhirn ist der Raum des Unterbewusstseins. Das Großhirn ist der Raum des Bewusstseins. Die Weisheit der inneren Welten gehört zum Raum des Unterbewusstseins. Die Dinge unserer physischen Welt gehören zum Raum des Bewusstseins.

Wenn das Bewusstsein und das Unterbewusstsein sich verbinden, kann der Mensch alle Wunder der inneren Welten studieren und sie an das physische Gehirn weitergeben. Es ist notwendig, dass unsere Schüler die zwei Räume dieses wunderbaren Turmes unseres Kopfes vereinen.

Der Schlüssel dafür ist die Übung des Rückblicks. Wenn wir aus dem Schlaf erwachen, praktizieren wir die Übung des Rückblicks, um uns an alle Dinge zu erinnern, die wir sahen und hörten und an alle Arbeiten, die wir verrichtet haben, als wir außerhalb, weit weg von unserem physischen Körper waren.

So vereinen sich die zwei Räume des Bewusstseins und des Unterbewusstseins, um uns die große Erleuchtung zu bringen. Es gibt keine falschen Träume. Jeder Traum ist eine lebendige Erfahrung in den inneren Welten.

Auch die sogenannten Albträume sind reale Erfahrungen, denn die Monster der Albträume existieren wirklich in den niederen Welten.

Verdauungsbeschwerden können bestimmte Chakras des Unterbauches in Aktivität versetzen und deshalb begeben wir uns in die eigenen atomaren Höllen des Menschen, in denen die schrecklichsten Wesen des Universums wirklich existieren; das sind die sogenannten Albträume.

Die Bilder der feinstofflichen Welten sind vollkommen symbolisch. Wir müssen lernen, sie zu interpretieren, basierend auf dem Gesetz der philosophischen Analogien, auf dem Gesetz der Analogien der

Gegensätze, auf dem Gesetz der Entsprechung, und auf dem Gesetz der Numerologie.

Selbst die absurdesten Träume enthalten die größten Offenbarungen, wenn sie weise interpretiert werden.

Im Augenblick des Erwachens sollen unsere Schüler sich nicht bewegen, weil durch diese Bewegungen der Astralkörper erschüttert wird und die Erinnerungen verloren gehen.

Das Erste, was der Schüler tun sollte, nachdem er in seinem Bett erwacht ist, ist die Übung der Rückschau, um sich genau an alle inneren Erfahrungen zu erinnern. So verbinden sich die beiden Räume des Bewusstseins und des Unterbewusstseins und die innere Weisheit erwacht.

Die Samnyasin der Gedanken erreichen das fortwährende Bewusstsein mit der feurigen Rose des Universums. Es ist notwendig, die tiefste Gelassenheit zu erlangen. Es ist dringend notwendig, Geduld und Ausdauer zu entwickeln. Man muss gleichgültig bleiben bei Lob und Tadel, bei Triumph und Niederlage.

Es ist notwendig, den Prozess des Denkens für die Schönheit des Verstehens zu opfern. Es ist unerlässlich, eine Summe all unserer Defekte zu machen, und jedem Defekt zwei Monate zu widmen. Wer beabsichtigt, alle Defekte zur selben Zeit zu eliminieren, gleicht einem Jäger, der zehn Hasen zu gleicher Zeit jagen will, er wird keinen Einzigen erlegen.

Um ein Meister des Samadhi zu werden, ist es dringend notwendig, ein reiches inneres Leben zu entwickeln. Der Gnostiker, der nicht zu lächeln weiß, hat genau so wenig Selbstbeherrschung, wie derjenige, der nur das Gelächter des Aristophanes kennt. Man muss die vollkommene Selbstbeherrschung erlangen. Ein Eingeweihter kann Freude fühlen, aber er wird nie in den Rausch des Wahnsinnes fallen. Ein Eingeweihter kann Traurigkeit fühlen, aber er wird niemals in Verzweiflung fallen.

Derjenige, der verzweifelt ist über den Tod eines geliebten Wesens, taugt noch nicht zum Eingeweihten, denn der Tod ist die Krone aller Wesen. Während dieser Übung der Meditation beginnen die Chakras des Astralkörpers unseres Schülers zu arbeiten und der Schüler beginnt dann, Bilder aus den feinstofflichen Welten zu empfangen.

Am Anfang empfängt der Schüler nur flüchtige Bilder, später empfängt der Schüler alle Bilder der feinstofflichen Welten. Diese erste Stufe der Erkenntnis gehört der imaginativen Erkenntnis an. Der Schüler sieht dann viele Bilder, die für ihn rätselhaft sind, weil er sie nicht versteht. Aber indem er seine Übung der inneren Meditation fortsetzt, wird er fühlen, dass diese feinstofflichen Bilder in ihm bestimmte Gefühle der Freude oder des Leids erzeugen.

Der Schüler fühlt sich in der Gegenwart dieser inneren Bilder inspiriert und versteht die Verbindung, die zwischen verschiedenen Bildern besteht, also hat er sich zur inspirierten Erkenntnis erhoben. Später, wenn er ein inneres Bild sieht, weiß er augenblicklich seine Bedeutung und die Antwort auf viele Dinge. Das ist die dritte Stufe des Wissens, bekannt als intuitive Erkenntnis.

Imagination, Inspiration und Intuition sind die drei obligatorischen Wege der Einweihung. Wir erreichen diese drei unaussprechlichen Höhen durch Konzentration, Meditation und Samadhi.

Wer diese unaussprechlichen Höhen der Intuition erreicht hat, hat sich in einen Meister des Samadhi verwandelt.

Im östlichen Wissen praktiziert man die Meditation in der folgenden Reihenfolge: Erstens Asana (Haltung des Körpers). Zweitens Pratyahara (an nichts denken). Drittens Dharana (Konzentration auf nur eine Sache). Viertens Dhyana (tiefe Meditation). Fünftens Samadhi (Ekstase).

Es ist notwendig, den Körper in die bequemste Haltung zu bringen (Asana). Es ist unerlässlich, vor der Konzentration im Verstand eine Leere zu erreichen (Pratyahara). Es ist dringend notwendig, zu wissen, wie man den Verstand auf nur ein Objekt konzentriert (Dharana). Dann beginnen wir tief über den Inhalt des Objektes selbst zu reflektieren (Dhyana). Auf diesem Weg erreichen wir die Ekstase (Samadhi).

All diese esoterischen Disziplinen des Verstandes müssen unser tägliches Leben vollkommen durchdringen. In Anwesenheit einer Person werden in unserem Inneren viele Bilder auftauchen, die mit dem inneren Leben dieser Person zu tun haben; das nennt sich Hellsichtigkeit. Später erzeugen diese Bilder in uns verschiedene inspirierende Gefühle und der Schüler hat dann die Stufe der inspirierten Erkenntnis erreicht.

Schließlich weiß der Schüler in Gegenwart einer Person augenblicklich über deren Leben Bescheid. Das ist die Stufe der intuitiven Erkenntnis.

Diejenigen, die die Weisheit des Feuers erreichen wollen, müssen den Prozess des Denkens beenden und die feurigen Fähigkeiten des Verstandes entwickeln.

Aus dem Verstand sollen wir nur die goldene Frucht extrahieren. Die goldene Frucht des Verstandes ist das Verstehen. Das Verstehen und die Imagination müssen den Verstand ersetzen. Die Imagination und das Verstehen sind die Grundlage der höheren Fähigkeiten des Verstandes.

Um das Wissen der höheren Welten zu erreichen, ist es notwendig, die höheren Fähigkeiten des Verstandes zu entwickeln.

Diejenigen, die die Lehren der feurigen Rose studieren und weiterhin stur im Prozess des Denkens eingeschlossen bleiben, taugen nicht für die höheren Studien des Geistes, sie sind noch nicht reif dafür.

Hellsichtigkeit und Imagination sind das Gleiche. Hellsichtigkeit ist Imagination und Imagination ist Hellsichtigkeit. Hellsichtigkeit existiert ewig.

Wenn ein Bild in unserem Inneren auftaucht, ist es notwendig, es gelassen zu untersuchen, um den Inhalt zu begreifen. Wenn die feurige Rose unseres Astralkörpers (zwischen den Augenbrauen) zu neuer Aktivität erwacht, dann werden die Bilder, die innerlich in unserer Imagination erscheinen, von Licht und Farbe begleitet.

Es ist notwendig, durch eigene Erfahrung zu lernen, wie man zwischen den Bildern unterscheidet, die wir empfangen und den Bildern, die wir bewusst oder unbewusst erschaffen oder projizieren.

Es ist notwendig, zwischen unseren eigenen Bildern und den äußeren Bildern, die uns erreichen, zu unterscheiden. Die Imagination hat zwei Pole, einen Empfänger und einen Projektor. Ein Bild zu empfangen ist eine Sache, ein Bild zu projizieren, das von unserem Verstand geschaffen wurde, ist eine andere Sache.

Der entgegengesetzte Pol der Imagination ist die Einbildung. Die Imagination ist Hellsichtigkeit. Die Einbildung sind die absurden Bilder, die von einem Verstand voller Irrtümer erschaffen wurden. Die Lehrer sollen nicht nur die Übungen an die Schüler weitergeben, um das Stirnchakra zu erwecken, sondern sie müssen sie auch lehren, wie man mit der Hellsichtigkeit umgeht.

Die Hellsichtigkeit ist die Imagination, deren Chakra zwischen den Augenbrauen sitzt. Die Imagination ist transluzid, für den Weisen bedeutet Imagination Sehen. Das Zeitalter des Denkens begann mit Aristoteles; es erreichte sein Höhepunkt mit Immanuel Kant und endet nun mit der Geburt des neuen Zeitalters des Wassermannes.

Die neue Ära des Wassermannes wird das Zeitalter der intuitiven Menschheit werden. Wir müssen lernen, zu unterscheiden zwischen dem Erschaffen eines Bildes mit dem Verstand und dem Erfassen eines Bildes, das in der feinstofflichen Welt schwebt.

Viele Leute würden sagen: *Wie ist es möglich, dass ich ein Bild erfasse, wenn ich nicht hellsichtig bin.*

Diesen Leuten würden wir antworten, dass Imagination dasselbe ist wie Hellsichtigkeit und dass jedes menschliche Wesen mehr oder weniger imaginativ ist, d. h., mehr oder weniger hellsichtig.

Was den Studenten des Okkultismus am meisten geschadet hat, sind die falschen Konzepte, die über die Hellsichtigkeit existieren.

Die Schöpfer dieser falschen Konzepte sind die „Intellektuellen", die die Fähigkeiten der Imagination mit Verachtung betrachtet haben.

Da die Okkultisten sich gegen diese intellektuelle Verachtung verteidigen wollten, gaben sie der Imagination eine wissenschaftliche Richtung und bezeichneten sie als Hellsichtigkeit oder sechsten Sinn.

Diese Haltung der Okkultisten schadete ihnen selbst, denn sie verwirrte sie. Jetzt haben die Okkultisten (die Opfer der Intellektuellen) einen schrecklichen Abgrund zwischen Hellsichtigkeit und Imagination aufgebaut. Viele Leute fragen sich: *Wie kann ich Bilder empfangen, ohne hellsichtig zu sein?*

Arme Leute! Sie wissen nicht, welchen Schatz sie besitzen. Sie ignorieren, dass Imagination dasselbe ist wie Hellsichtigkeit und dass jedes menschliche Wesen mehr oder weniger hellsichtig ist. Die Okkultisten wollten die wunderbare Fähigkeit der Hellsichtigkeit in etwas Künstliches, Technisches und Schwieriges verwandeln.

Hellsichtigkeit ist Imagination. Hellsichtigkeit ist die schönste, einfachste und reinste Blume der Spiritualität. Wenn wir unsere verlorene Kindheit zurückerobern, werden all die Bilder, die unsere Imagination erreichen, von lebendigen astralen Farben begleitet.

Die Intellektuellen, die die Imagination verachten, begehen eine schwerwiegende Absurdität, weil alles, was in der Natur existiert, ein Kind der Imagination ist. Ein Künstler, der ein Bild malt, ist ein großer Hellseher. Man ist sprachlos vor Leonardo da Vincis „Christus“ oder Michelangelos „Madonna“.

Der Künstler empfängt erhabene Bilder mit seiner Imagination (Hellsichtigkeit), die er dann auf die Leinwand oder seine Skulpturen überträgt. Mozarts „Zauberflöte“ erinnert uns an eine ägyptische Einweihung.

Wenn die göttliche Mutter der Welt den Menschen ein Spielzeug zur Unterhaltung geben möchte, hinterlegt sie es in die Imagination des Erfinders. Auf diese Weise haben wir das Radio, das Flugzeug, das Auto, usw. bekommen.

Wenn die finsteren Bilder der niederen Welten von den Wissenschaftlern erfasst werden, werden sie in Kanonen, Maschinengewehre, Bomben, usw. Verwandelt. Deswegen ist die gesamte Welt mehr oder weniger hellsichtig und man darf die Imagination nicht verachten, weil alle Dinge Kinder der Imagination sind.

Es ist notwendig, zwischen den Leuten zu unterscheiden, die keine esoterische Schulung erhalten haben und denjenigen, die sich bereits den großen esoterischen Disziplinen unterworfen haben. Die Imagination evolutioniert, entwickelt sich und entfaltet sich innerhalb der feurigen Rose des Universums. Jene, die bereits das magische Rad ihrer Stirn zum Rotieren gebracht haben, besitzen eine reiche und kraftvolle Imagination und alle Bilder, die sie empfangen, werden von Licht, Farbe, Wärme und Klängen begleitet.

Wir streiten die Existenz der Hellsichtigkeit nicht ab.

Die Hellsichtigkeit ist der sechste Sinn, dessen Chakra zwischen den Augenbrauen sitzt und sechsundneunzig Strahlen hat. Was wir wollen, ist das Konzept zu erweitern und den Studenten zu verstehen geben, dass der andere Name für Hellsichtigkeit Imagination ist.

Die Menschen haben den Gebrauch und die Handhabung der göttlichen Hellsichtigkeit vergessen und es ist notwendig, dass unsere Schüler wissen, dass Imagination dasselbe ist wie Hellsichtigkeit oder wie der sechste Sinn, der zwischen den Augenbrauen sitzt.

Viele Menschen glauben, dass die Imagination eine rein mentale Fähigkeit ist und nichts mit dem Stirnchakra der Hellsichtigkeit zu tun hat. Dieses falsche Konzept existiert aufgrund der Verachtung, die die Intellektuellen der Imagination gegenüber fühlen und der Art und Weise durch die die Okkultisten die wunderbare Fähigkeit der Hellsichtigkeit technisieren wollen.

Das Stirnchakra des Astralkörpers ist eng verbunden mit dem Stirnchakra des Mentalkörpers, mit dem Stirnchakra des ätherischen Körpers und mit der Hypophyse, die zwischen den Augenbrauen des physischen Körpers sitzt.

Deswegen gehört die Imagination allen Ebenen des universalen Bewusstseins an. Die Hellsichtigkeit ist genaugenommen dasselbe wie die Imagination, mit der Möglichkeit der Entwicklung, der Evolution und des Fortschritts durch die feurige Rose des Universums.

Es ist notwendig, dass die Anhänger dieses Pfades einen ausgeglichen Verstand haben. Wenn wir über Logik sprechen, beziehen wir uns auf eine transzendentale Logik, die nichts zu tun hat mit den Texten der scholastischen Logik. Jedes innere Bild hat seine wissenschaftlichen Entsprechungen auf dieser Ebene der physischen Objektivität.

Wenn die Bilder des Schülers nicht mit einem logischen Konzept erklärt werden können, ist es ein Zeichen, dass der Verstand des

Schülers vollkommen unausgeglichen ist. Jedes innere Bild muss logischerweise eine befriedigende Erklärung haben. Es gibt eine Vielzahl von Schülern, die einen vollkommen unausgeglichenen Verstand haben. Die gnostischen Schüler müssen die Gelassenheit entwickeln.

Die Gelassenheit ist der mächtigste Schlüssel für die Entwicklung der Hellsichtigkeit. Der Zorn zerstört die Harmonie der Gesamtheit und beschädigt die Blütenblätter der feurigen Rose zwischen den Augenbrauen. Der Zorn zersetzt das Astrallicht in ein Gift, das *Imperil* genannt wird, die Blütenblätter der feurigen Rose zwischen den Augenbrauen beschädigt und die Kanäle des großen sympathischen Nervensystems blockiert. Es ist notwendig, die Chakras der Hellsichtigkeit mit dem Vokal „I“ zum Rotieren zu bringen. Dieser Vokal muss täglich vokalisiert werden und sollte folgendermaßen verlängert werden: ***Iiiiiiiiiiiiiiiiii*** …

Wir müssen die inneren Bilder im Zustand der erhabenen Gelassenheit des heiß lodernden Verstandes betrachten, ohne den depressiven Prozess des Denkens.

In Gegenwart eines inneren Bildes muss unser Verstand vollständig mit dem süßen Fluss der Gedanken fließen. In Gegenwart der imaginativen Bilder wird unser Verstand mit den Wellen des Urteilsvermögens vibrieren. Das Urteilsvermögen ist die direkte Wahrnehmung der Wahrheit ohne den Prozess der konzeptuellen Auswahl.

Der Prozess der Auswahl teilt den Verstand in den Kampf der Antithesen, dann verstecken sich die inneren Bilder wie die Sterne hinter den stürmischen Wolken des Denkens.

Wir müssen lernen, mit dem Herzen zu denken und mit dem Kopf zu fühlen. Unser Verstand muss ausgesprochen sensibel und feinfühlig werden. Der Verstand muss sich von allen Arten der Fesseln befreien, um das Leben zu verstehen, das frei in seiner Bewegung ist. Wir bewundern die Kühnheit. Alle Arten von Wünschen sind Fesseln für den Verstand. Die Vorurteile und Voreingenommenheiten sind Fesseln für den Verstand. Die Schulen sind Käfige, in denen der Verstand eingesperrt ist. Wir müssen lernen, immer in der Gegenwart zu leben, weil das Leben ein ewiger Moment ist. Unser Verstand muss sich in ein flexibles und feinfühliges Instrument für den Innersten verwandeln.

Unser Verstand muss sich in ein Kind verwandeln. Während der Übung der Meditation müssen wir in absoluter innerer Ruhe sein, weil jede Bewegung des Verstandes und jede Art von Ungeduld den Verstand stört und die Wahrnehmung der inneren Bilder behindert. In der physischen Welt ist jede Aktivität von Bewegungen unserer Hände, Beine, usw. begleitet. Aber in den inneren Welten benötigen wir tiefste Ruhe, absolute Gelassenheit, um die inneren Bilder zu empfangen, die in den Verstand kommen, wie eine Gnade, wie ein Segen.

Es ist unerlässlich, dass unsere Schüler die wunderbare Eigenschaft der Verehrung entwickeln.

Wir müssen alle heiligen und göttlichen Dinge zutiefst verehren. Wir müssen alle Werke des Schöpfers zutiefst verehren. Wir müssen die ehrwürdigen Meister der universalen Weißen Bruderschaft zutiefst verehren. Der Respekt und die Verehrung öffnen die Tore der himmlischen Welten für uns.

Wir dürfen niemanden bevorzugen, wir müssen einem Bettler und einem Herrn mit dem gleichen Respekt und der gleichen Verehrung begegnen. Wir müssen die gleiche Höflichkeit den Reichen und den Armen, den Aristokraten und den Bauern entgegen bringen, ohne jemanden zu bevorzugen.

Wir müssen Geduld und Besonnenheit entwickeln. Die Ameisen und die Bienen sind geduldig und besonnen. Wir müssen dem Horten und der Gier ein Ende machen. Wir müssen lernen, dem Gold und dem Reichtum gegenüber gleichgültig zu sein. Wir müssen lernen, die Doktrin des Herzens mehr zu schätzen.

Derjenige, der die Doktrin des Herzens verachtet, weil er der Doktrin des Auges folgt (Theorien, Schulen, Wissen aus Büchern, usw.), kann niemals die große Verwirklichung erreichen.

Wir müssen lernen, das Gute im Schlechten und das Schlechte im Guten zu erkennen. In allem Schlechten gibt es etwas Gutes, in allem Guten gibt es etwas Schlechtes.

Obwohl es unglaublich erscheint, sind die Maria Magdalenas der Einweihung viel näher als viele unschuldige Mädchen. Obwohl es dem Schüler seltsam erscheinen kann, ist manchmal derjenige der Einweihung näher, auf den alle mit dem Finger zeigen, als der Scheinheilige, der vor der Gemeinde einer Loge oder eines Tempels sanft lächelt.

Paulus von Tarsus war vor dem Ereignis, das auf seiner Reise nach Damaskus stattfand, ein Henker und Mörder. Diese augenblickliche Umwandlung dieses Mannes überraschte die Heiligen von Jerusalem. Der Bösewicht verwandelte sich in einen Propheten. Das ist das Mysterium des Baphomet. Die heiligen Objekte der Tempel werden von tierischen Sockeln getragen und die Beine des Thrones der Meister sehen wie Monster aus.

Christus wusste die Schönheit der Zähne im Kadaver eines Hundes zu schätzen.

Im Dämon Beelzebub loderten blaue Flammen, die dazu dienten, ihn in einen Schüler der weißen Hierarchie zu verwandeln. Im Weihrauch des Gebetes verbirgt sich oft das Verbrechen. Der Schüler darf weder jemanden verurteilen, noch kritisieren, um ein reiches inneres Leben zu entwickeln.

Manchmal ist es ein Verbrechen zu sprechen und manchmal ist es ein Verbrechen zu schweigen.

Es ist genauso schlecht, zu sprechen, wenn man schweigen sollte, wie zu schweigen, wenn man sprechen sollte. Man muss lernen, mit dem Wort umzugehen und genau das Ergebnis unserer Worte abschätzen zu können.

Das gleiche Wort kann für eine Person ein Segen sein und für eine Andere eine Beleidigung. Deswegen müssen wir, bevor wir sprechen, das Ergebnis sehr genau abschätzen. Die Herren des Karmas beurteilen die Dinge nach Tatsachen, ohne die guten Absichten in Betracht zu ziehen.

Unser Verstand muss einfach und bescheiden sein und erfüllt von tiefstem Respekt. Unsere Schüler müssen jedes Streitgespräch vermeiden, um nicht ihre Energie sinnlos zu vergeuden.

Wer die Lehre der Gnostiker akzeptieren möchte, der soll sie akzeptieren, aber wer sie nicht akzeptieren möchte, ist noch nicht reif dafür. Deswegen ist es sinnlos, einen Streit zu beginnen, um jemanden zu überzeugen.

Die Streitigkeiten sollen verboten sein, die Zwietracht mit Worten soll verschwinden, das Gestrüpp soll den Weg freigeben.

Wir müssen die Dankbarkeit entwickeln, weil Undankbarkeit und Verrat sich verbrüdern. Es ist notwendig, den Neid zu eliminieren, weil die Judasse, die den Meister für dreißig Silbermünzen verkaufen, das Resultat des Neides sind.

Der Neid ist die giftige Blume, die am besten in den finsteren Sümpfen all der spirituellen Schulen der Welt gedeiht. Der Neid verkleidet sich gewöhnlich mit der Kutte des Richters.

Wir müssen die Aufrichtigkeit entwickeln, weil in der Substanz der Aufrichtigkeit die schönsten Blumen des Geistes sprießen.

All diese Eigenschaften werden uns ein reiches inneres Leben bescheren; so bereiten wir uns innerlich auf die großen esoterischen Disziplinen des Verstandes vor, die in den feurigen Flammen des Universums lodern.

Kapitel XVIII

Das Kreuz des Arhat

Das Feuer deiner feurigen Rose, das im Kehlkopf des Mentalkörpers sitzt, prasselt in den glühenden Flammen des Universums.

Nun trittst du ein, oh Araht, in die drei höheren Kammern des Turms deines Tempels. Die Kundalini deines Mentalkörpers öffnet die erste Kammer deines Kleinhirns. Weißt du, was das bedeutet, mein Kind? Wehe dir, oh Arhat!

Empfange das vierte Kreuz, damit du deinen Mentalkörper kreuzigen kannst. Weißt du, was das bedeutet, mein Bruder? Weißt du, was der Verstand bedeutet? Nun hast du Mitleid verdient, oh Arhat! Du musst am großen Werk des Vaters arbeiten.

Du wirst ein Opferlamm sein auf dem Altar der Opferung. Du wirst unaufhörlich für die Menschheit arbeiten. Du wirst große Werke für die Welt vollbringen, aber erwarte keinen Lorbeerkranz, mein Kind! Erinnere dich, dass du deinen Verstand opfern musst.

Die Menschheit wird über deine Werke spotten; sie werden dich verhöhnen und dir Galle zu trinken geben. Deine verdienstvollen Werke werden verlacht werden und all deine Opfer wird die Menschheit dir mit tiefster Verachtung lohnen. Du hast Mitgefühl verdient, oh Arhat!

Das Kreuz deines Mentalkörpers ist sehr groß und sehr schwer. Deine Feinde werden deine eigenen spirituellen Brüder sein. Sie werden dich hart bestrafen und verspotten, oh Araht! Die Spiritualisten aller Konfessionen werden dich als Bösewicht bezeichnen und dich verspotten, oh Araht! Du wirst verleumdet, diffamiert und von der ganzen Welt gehasst; so wirst du deinen Verstand kreuzigen, oh Araht!

Apolonius von Tyana verbrachte seine letzten Jahre eingesperrt in einem Gefängnis. Paracelsus wurde von seinem eigenen „Judas" als Freund der Zigeuner und Henker bezeichnet. Alle Pedanten dieser Zeit hassten den berühmten Theophrastus Bombastus von Hohenheim (Aureolus Paracelsus) wie die Pest.

Dieser große Weise brachte der Menschheit medizinische Weisheit, die erst im neuen Wassermannzeitalter von der menschlichen Spezies akzeptiert und verstanden werden wird.

Agrippa, der von den Menschen verabscheut wurde, wanderte von Stadt zu Stadt und alle Welt betrachtete ihn mit Misstrauen und bezeichnete ihn als Hexenmeister.

Alle Heiligen von Jerusalem, all die Märtyrer der Menschheit wurden gehasst und verfolgt. Das Kreuz deines Mentalkörpers wiegt schwer, oh Arhat!

Du bist nun eine enigmatische Person, oh mein Kind, und all die spiritualistischen Brüder bezeichnen dich als bösartig, als intolerant, als finster, nur weil sie dich nicht verstehen. Du weißt es.

Gepriesen seien jene, die uns lieben, denn sie verstehen uns und gepriesen seien jene, die uns hassen, denn sie verstehen uns nicht.

Kapitel XIX

Die Frau

Die Frau hat dieselben Rechte wie der Mann. Die Frau kann auch eine Adeptin der Weißen Bruderschaft werden. Jeanne d'Arc ist eine Meisterin der höheren Mysterien der Weißen Bruderschaft.

H. P. Blavatzky, Autorin der „Geheimlehre", erreichte die Adeptschaft und sie ist eine Meisterin der höheren Mysterien der Weißen Bruderschaft. In fast allen Tempel der Mysterien finden wir viele weibliche Adepten, die für die Menschheit arbeiten.

Die Frau erweckt ihre heilige Schlange auf dieselbe Weise wie der Mann. Die Frau, die ihre Kundalini erwecken will, muss die Sexualmagie mit ihrem Ehemann praktizieren, wenn sie verheiratet ist.

Ledige Frauen müssen mithilfe des Verstandes transmutieren, wie wir es auf den vorhergehenden Seiten gelehrt haben. Die sexuelle Alchemie ist die Grundlage jeder Entwicklung. Die sexuelle Alchemie ist die Grundlage der Weisheit des Feuers. Die Liebe ist der Tempel, die Gebärmutter, sie ist der Destillierkolben des sexuellen Laboratoriums. In diesem Destillierkolben der sexuellen Alchemie mischt man Salz, Schwefel und Quecksilber um durch eine Vermehrung des erotischen Feuers den philosophischen Stein des Alchemisten zu erzeugen.

Im sexuellen Destillierkolben unseres organischen Laboratoriums verbinden die Explosionen des leidenschaftlichen Feuers bestimmte ätherische, astrale, mentale, willentliche, bewusste und göttliche Arkana, um mit dem lodernden Feuer des erotischen Dursts bestimmte feurige Elemente zu erzeugen, deren substanzielle Prinzipien dem Innersten angehören.

Die Frau im Zustand der sexuellen Erregung akkumuliert große Mengen an elementalem Feuer der Natur, das, wenn es mit dem erotischen Magnetismus des Mannes kombiniert wird, bestimmte kosmische Mächte erzeugt, deren schreckliche Explosionen die Kammern der Wirbelsäulen öffnen. Das Aufwallen der leidenschaftlichen Feuer von Mann und Frau, in gegenseitiger erotischer Vereinigung, bildet wahre feurige Stürme, die die Atmosphäre trüben und die Finsteren, die jede Kammer eskortieren, verwirren.

Diese niederen Wesen überfallen den Furchtlosen, indem sie die Feuer verteidigen, deren synthetische transzendentale Prinzipien in den dreiunddreißig inneren Kammern unserer Wirbelsäule eingeschlossen sind.

Diese Finsteren verteidigen ihre Rechte und bezeichnen uns daher als Diebe der Mächte. Das ist das Mysterium des Baphomet; die Rose erzeugt ihr Parfum aus dem Lehm der Erde, der kriechende Wurm mag den Gärtner nicht, der seinen Lehm entfernt.

Nun werden unsere Schüler verstehen, warum die Finsteren die sexuellen Alchemisten als Diebe bezeichnen.

Jede Kammer wird stark verteidigt von finsteren Legionen und es ist notwendig, diese Finsteren mit der Schneide des Schwertes zu besiegen, um jede dieser Kammern zu erobern.

Jetzt werden die Anhänger des Pfades verstehen, warum der Christus sagte, dass der Himmel erobert werden muss. Die zwölf zodiakalen Salze kochen glühend in unseren endokrinen Drüsen während der Trance der sexuellen Alchemie.

In diesen zwölf zodiakalen Salzen sind die Samenprinzipien der zwölf zodiakalen Konstellationen eingeschlossen, deren feurige Mächte auf diese winzigen Laboratorien unserer endokrinen Drüsen wirken und vor allem die hormonelle Produktion unseres flüssigen Nervensystems anregt. Die extreme Anregung unserer endokrinen Drüsen ist begleitet von riesigen feurigen Verbindungen in allen Chakren und Essenzen unserer inneren Vehikel.

Die sexuell erregte Frau hat die Macht, die Prinzipien ihrer zwölf Salze auf den Kehlkopf des Mannes zu übertragen und auf diese Weise bekommt dieses Organ hermaphroditische Prinzipien, die später dem Innersten die Macht gibt, durch das Wort zu erschaffen.

Die Verbindung der feurigen Prinzipien von Mann und Frau ist auch eng mit dem Austausch der Salze verbunden, die den weiblichen Kehlkopf vorbereitet, als schöpferisches engelhaftes Organ zu dienen.

Das sehr starke Feuer einer extremen sexuellen Anregung verursacht riesige Verbindungen von Prinzipien, deren Ergebnis die Öffnung der Kammern der Wirbelsäule ist.

Je stärker die Zurückhaltung während des Aktes, je heftiger der Kampf ist, desto mächtiger steigen die Samendämpfe auf und desto schrecklicher ist die Kraft des Aufstiegs von Kundalini.

Der Schlüssel der sexuellen Beherrschung liegt im Verstand. Der Verstand wird durch die Willenskraft beherrscht. Wenn wir die leidenschaftliche Gewalt zurückhalten, müssen wir den Verstand mit der schrecklichen Peitsche der Willenskraft geißeln, weil das Versteck der Begierde im Verstand ist. Wir müssen wie folgt zum Verstand sprechen: „Verstand, nimm diese sexuelle Erregung unverzüglich weg von mir."

Diese Formel erlaubt uns, genau im Moment der Zurückhaltung während des Aktes, die Intensität der Leidenschaft zu reduzieren.

Die Vereinigung mit dem Innersten ist nur durch die sexuelle Alchemie möglich. Wenn wir den Mentalkörper eines theoretisierenden pseudo-spiritualistischen Schülers betrachten, und ihn sorgfältig studieren, entdecken wir, dass er eine wahre mobile Bibliothek ist.

Wenn wir dann die Kirche des Steißbeines oder das Chakra Muladhara genau untersuchen, entdecken wir, dass Kundalini dort vollkommen eingeschlossen ist, ohne das geringste Zeichen der Erweckung zu zeigen und wenn wir den Kanal Sushumna des Schülers untersuchen, finden wir dort keine Spur des heiligen Feuers.

Wir entdecken, dass die dreiunddreißig Kammern dieses Schülers voller Finsternis sind. Diese innere Untersuchung lässt uns zu dem Schluss kommen, dass dieser Schüler seine Zeit leider vergeudet. Das heilige Feuer erwacht, wenn die lunaren und solaren Atome unseres Samensystems in Kontakt mit dem Knochen des Steißbeins kommen.

Aber wenn wir unsere solaren Atome mit Ejakulation der Samen vergeuden, gibt es nicht genügend solare Atome, um Kontakt herzustellen und das Feuer zu erwecken.

Der Schüler kann einen Mentalkörper haben, der sich in eine wahre Bibliothek verwandelt hat, aber alle dreiunddreißig Kammern seiner Wirbelsäule sind völlig erloschen und in tiefer Finsternis.

Schlussfolgerung: dieser Schüler ist ein Bewohner der Finsternis, des Abgrundes. Es ist unmöglich, das Feuer von Kundalini einzig mit den lunaren Atomen der Rückenmarksflüssigkeit zu entzünden. Es ist unausweichlich, dass die solaren Atome des Samensystems in Kontakt mit den lunaren Atomen der Rückenmarksflüssigkeit kommen, um das heilige Feuer zu erwecken.

Wenn wir die solaren Atome verschwenden, dann haben wir kein Kapital um eine atomare Verbindung zu erzeugen, die das Erwecken von Kundalini mittels der sexuellen Alchemie erlaubt.

Kundalini ist von vollkommen sexueller Natur und es ist nur möglich, sie mittels sexueller Alchemie zu erwecken.

Wenn wir die innere Konstitution eines Mystikers genau untersuchen, entdecken wir, dass der Bewusstseinskörper (Buddhi) sehr schön ist und die Lichtäther und Wärmeäther seines ätherischen Körpers sehr groß sind; aber weil der gewöhnliche Mystiker seine Samenflüssigkeit ejakuliert, entdecken wir, wenn wir sein Chakra Muladhara untersuchen, dass Kundalini dort eingerollt ist, ohne ein Zeichen des Erwachens zu zeigen.

Die dreiunddreißig Kammern der Wirbelsäule des Mystikers unseres Beispiels sind voller Finsternis, weil das Feuer sie niemals durchlaufen hat.

Die guten philanthropischen Werke verschönern den Licht- und Wärmeäther dieses Mystikers und das Bücherwissen verleiht seinem Verstand reiche Gelehrsamkeit, aber da seine Kundalini nicht erwacht ist, ist dieser Mystiker nicht in die Mysterien des Feuers eingeweiht, und obwohl er ein guter und tugendhafter Mensch ist, ist er nicht mehr als ein guter und freundlicher Schatten in der Kälte der Finsternis des Abgrunds.

Manche Leute behaupten, dass man Kundalini durch Yoga erwecken kann. Wir bestreiten diese Behauptung nicht. Aber wir behaupten, dass der authentische Yogi völlig keusch sein muss.

Wenn das nicht so wäre, dann hätten die Yogis kein atomares Kapital, um Kundalini zu erwecken. Vivekananda sagt in seinen Vorträgen über Raja Yoga, dass der Yogi völlig keusch sein muss, um seine sexuelle Kraft in Blätter (christische Energie) umzuwandeln.

So erreichen die Yogis es, Kundalini zu erwecken und sich mit dem Innersten zu vereinen. Die sexuelle Alchemie der Yogis ist verbunden mit Atemübungen und bestimmten Übungen der innerlichen Meditation, die nie in irgendeinem gedruckten Buch veröffentlicht wurden.

Wenn ein Yogi Unzucht betreiben würde, hätte er nicht genügend atomares Kapital, um die Feuer der Wirbelsäule zu entzünden und dieser Yogi würde bedauerlicherweise seine Zeit vergeuden.

Die Yoga-Praktiken sind nur für jene, die dem östlichen Strahl angehören. Für uns Gnostiker ist die Frau die Priesterin der gesegneten göttlichen Mutter der Welt. Einige wollen die Vereinigung mit dem Innersten erreichen, ohne Kundalini zu berücksichtigen. Diese Schüler sind vollkommen fehlgeleitet, denn die Vereinigung mit dem Innersten ist nur durch das Feuer möglich.

Deshalb hat man das Wort „INRI" über dem Kreuz des Märtyrers des Kalvarienberges befestigt. Das Feuer erneuert unaufhörlich die Natur. Bist du ein Gnostiker? Bist du ein Mystiker? Bist du ein Yogi? Bedenke, guter Schüler, dass man Eden nur durch die Tür betreten kann, durch die man es verlassen hat. Diese Tür ist die Sexualität.

Man sagt, dass es viele Wege gibt; wir, die Meister der höheren Mysterien der großen weißen Loge versichern: es gibt nur eine Tür, durch die man Eden betreten kann und diese Tür ist die Sexualität.

All jene, die dem Befehl des Herrn Jehova nicht gehorchen, all jene, die fortfahren, die verbotene Frucht zu essen, sind Schüler der Doktrin der Baals und auf sie, so sagen die heiligen Schriften, wird der brennende See mit Feuer und Schwefel warten, der zweite Tod.

Der Gnostiker muss seine Priesterin intensiv lieben. Die Frau muss immer in Harmonie leben und ihre künstlerischen Sinne kultivieren. In dem Maße, in dem das heilige Feuer durch die Wirbelsäule der Frau aufsteigt, dringt es in die verschiedenen Kammern des Feuers ein und sie christifiziert sich.

Die Frau muss sich während des Sexualakts zügeln und sich vom Mann vor dem Orgasmus zurückziehen, um den Verlust des Samens zu vermeiden.

So erwacht Kundalini in der Frau, genauso wie im Mann. Wenn der männliche Magnetismus sich mit dem weiblichen Magnetismus mischt, beginnen die heiligen Feuer der Frau zu erwachen.

Die Frau muss Schönheit, Musik und Liebe kultivieren. Erwecken wir in uns die gebildete Majestät unserer inneren Schönheit.

Erlaubt, dass wir die Majestät unseres Seins bestätigen. Ich bin ein alleinstehender Baum. Ich bin der Baum des Lebens.

Kapitel XX

Der Löwe des Gesetzes

Du hast nun den zweiunddreißigsten Wirbel der Wirbelsäule deines Mentalkörpers betreten, oh Arhat! Das ist die zweite heilige Kammer deines Kopfes. Das glühende Feuer des Universums sprüht feurige Funken in dieser heiligen Kammer deines Mentalkörpers. Das ist das Heiligtum des Löwen des Gesetzes.

Naturae Santa Sororera. Du hast einen neuen Löwen des Gesetzes in der Welt des kosmischen Verstandes geboren. Untersuche die Hufe deiner Bestie gut und freue dich, oh Arhat! Ein schrecklicher Strahl, ein fürchterliches Ausatmen stürzt aus dem unendlichen Himmel und lässt die Erde erbeben mit dem Donner seiner Stimmen.

Das ist der Strahl der kosmischen Gerechtigkeit. Dieser Strahl ist jenseits von Gut und Böse. Der Löwe des Gesetzes ist jenseits von Gut und Böse. Der Löwe des Gesetzes kennt das Gute im Bösen und das Böse im Guten. In allem Guten ist etwas Böses und in allem Bösen ist etwas Gutes.

Der Supermensch ist jenseits von Gut und Böse. Die Gerechtigkeit ist die höchste Barmherzigkeit und die höchste Unbarmherzigkeit des Gesetzes. Die Intelligenz des Supermenschen ist erschreckend, aber der Supermensch verschmäht die Intelligenz, weil die Intelligenz nur eine Eigenschaft von Prakriti und Prana ist (Materie und Energie).

Der Innerste ist jenseits der Intelligenz im höchsten Reich der Allwissenheit. Der Innerste ist sogar weit jenseits der Liebe im höchsten Reich des Glücks. Das Glück Gottes auf einer niederen Ebene drückt sich als Liebe aus und die Liebe ist das Sumum der Weisheit.

Die zwei Säulen unserer Weißen Bruderschaft sind Weisheit und Liebe. Die Waage des kosmischen Gesetzes hat zwei Waagschalen in perfektem Gleichgewicht. In einer dieser Waagschalen ist die Weisheit und in der anderen die Liebe. Liebe und Weisheit halten die beiden Schalen der kosmischen Waage in perfektem Gleichgewicht. Jedes Ungleichgewicht der Waage wird von den Löwen des Gesetzes bestraft.

Kinder der Menschen! Erinnert euch, dass die zwei Schalen der kosmischen Waage Weisheit und Liebe sind. Hast du gegen die Mondgöttin gesündigt? Wenn es so ist, wie kannst du Glück in der Liebe fordern?

Hast du gegen die Weisheit gesündigt? Dann, mein Bruder, wie kannst du von Glück umgeben sein?

Der Löwe des Gesetzes wird mit der Waage bekämpft. Wenn ein niederes Gesetz durch ein höheres Gesetz transzendiert wird, löscht das höhere Gesetz das niedere aus. Tue Gutes, damit du deine Schulden bezahlst.

Wer Kapital hat, mit dem er bezahlen kann, bezahle und er wird ein gutes Geschäft machen; wenn wir kein Kapital haben und Schulden im Buch des Karma, müssen wir mit Schmerz bezahlen.

Tritt nun ein, oh Arhat, in den heiligen Tempel des kosmischen Verstandes um dein Fest zu empfangen.

Du bist nun ein weiterer Löwe des Gesetzes in der Welt des kosmischen Verstandes. Dein Verstand lodert in den feurigen Funken der *naturae santa sororera.*

Der Verstand der Löwen der kosmischen Erkenntnis brennt in den glühenden Flammen dieser feurigen Rose des Universums.

Liebe ist Gesetz, aber bewusste Liebe.

Kapitel XXI

Jezebels Tisch

Doch ich habe gegen dich, dass du das Weib Jezabel gewähren lässt, die sich als Prophetin ausgibt; sie lehrt und verführt meine Diener, Unzucht zu treiben und Götzenopfer zu essen. Ich habe ihr eine Frist gegeben zur Umkehr, doch sie will sich nicht bekehren von ihrer Unzucht. Siehe, ich werfe sie auf das Siechbett und die mit ihr buhlen, in große Drangsal, wenn sie sich nicht abkehren von ihrem Treiben.

Ihre Kinder werde ich des Todes sterben lassen, und alle Gemeinden sollen erkennen, dass ich es bin, der Nieren und Herzen erforscht, und jedem von euch werde ich vergelten nach euren Werken. Off., 2:20 – 23)

Am Tisch von Jezebel essen die Propheten der Baals. (Die Baals sind schwarze Magier). Die Propheten der Baals, die lehren, auf „mystische Weise“ Unzucht zu betreiben und Dinge zu essen, die den Götzen dargeboten werden, sind all die spiritualistischen Theoretiker der Welt. All diese Lehren sind Speisen, die den Götzen dargeboten werden.

Der Herr Parsifal Krumm-Heller, souveräner Komtur des „sogenannten“ antiken Rosenkreuzerordens, mit Hauptquartier in Deutschland, schickt an seine finsteren Schüler einen Kurs über schwarze Sexualmagie, in dem er die „mystische Ejakulation“ empfiehlt. So betrügt Jezebel meine Diener und lehrt sie, unzüchtig zu sein und sich Theorien einzuverleiben, die den Götzen dargeboten werden.

Dieser Kurs über negative und finstere Sexualmagie ist dieselbe schreckliche und satanische tantrische Doktrin, die öffentlich gelehrt und gepredigt wurde von all den Propheten der Baals, die an Jezebels Tisch essen. Mit diesem widerlichen phallischen Kult erwacht Kundalini auf negative Weise und sinkt hinab in die eigenen atomaren Höllen des Menschen und verleiht dem Astralkörper das schreckliche satanische Aussehen der Luzifer.

Der Herr Parsifal Krumm-Heller betrog seinen eigenen Vater und mit seinem finsteren Phalluskult wurde er öffentlich als schwarzer

Magier bekannt. Und Gott Jehova gebot dem Menschen: *Von allen Bäumen des Gartens darfst du essen, nur vom Baum der Erkenntnis von Gut und Böse darfst du nicht essen; denn am Tage, da du davon isst, musst du sterben.* (Genesis 2: 16-17)

Das sind die Gebote des Herrn Jehova; jeder, der diese Gebote verletzt, ist ein schwarzer Magier. Das sind die Gebote des Herrn Jehova; jeder, der diese Gebote verletzt, wird in den brennenden See aus Feuer und Schwefel geworfen. Dies ist der zweite Tod.

Der zweite Tod ist ein psychischer Tod; die tantrische Persönlichkeit des Unzüchtigen trennt sich von der göttlichen Triade und sinkt hinab in einen dämonischen Bewusstseinszustand und in niedere atomare Welten, die im Osten unter dem Namen Avitchi bekannt sind.

Diese tantrischen Persönlichkeiten werden dann langsam desintegriert, getrennt von ihrem höheren Ich.

Ihre Kinder werde ich des Todes sterben lassen, und alle Gemeinden sollen erkennen, dass ich es bin, der Nieren und Herzen erforscht, und jedem von euch werde ich vergelten nach euren Werken. (Off. 2:23)

Die Propheten der Baals, die an Jezebels Tisch essen, werden im Abgrund sterben.

Höret mich, meine Brüder: *So spricht der Herr der Heerscharen: Wenn du auf meinen Wegen wandelst und meinen Dienst genau ausführst, dann sollst du auch die Verwaltung meines Hauses und die Aufsicht über meine Vorhöfe innehaben, und ich gewähre dir Zutritt bei denen, die hier stehen.*

Befolgt die Gebote des Herrn Jehova, meine Brüder, schaut die verbotene Frucht an, nährt euch von ihren Aromen, lasst euch von ihrem Duft entzücken, aber esst sie nicht, denn auf sie, auf die Unzüchtigen, wartet der brennende See aus Feuer und Schwefel. Das ist der zweite Tod.

Mit der Ejakulation der Samen verliert man Billionen von solaren Atomen und unsere sexuellen Organe absorbieren stattdessen Billionen von satanischen Atomen aus den Höllen des Menschen, die vom Astralkörper absorbiert werden und ihm das Aussehen des Satans verleihen. Die negative Theorie der Finsteren besteht darin, die Hormone der Inkretion zu benutzen, um Kundalini zu erwecken und tantrische Mächte zu erlangen.

Mit dieser Praxis erwachen die negativen Aspekte der Schlange, die, wenn sie in die eigenen atomischen Höllen des Menschen hinabsteigt, im Astralkörper jene tantrische Form annimmt, mit der man den Schwanz von Satan darstellt.

Die Sexualdrüsen sind keine geschlossenen Kapseln, sie scheiden Hormone aus und sie absorbieren auch Hormone.

Die Propheten des Baal, die von Jezebels Tisch essen, benutzen die Hormone der sexuellen Inkretion, um mithilfe des Phalluskultes ihre satanischen Mächte zu erwecken. So täuscht diese Frau Jezebel, die sich Prophetin nennt, meine Diener und lehrt sie, Unzucht zu treiben und Dinge zu essen, die den Götzen dargeboten werden.

Ich habe ihr eine Frist gegeben zur Umkehr, doch sie will sich nicht bekehren von ihrer Unzucht. Siehe, ich werfe sie auf das Siechbett und, die mit ihr buhlen, in große Drangsal, wenn sie sich nicht abkehren von ihrem Treiben. (Off. 2: 21-22)

Der Verstand unserer Schüler muss sich von den satanischen Feuern befreien.

Der finstere Luzbel, Bewohner des Avitchi, trägt eingerollt in seinem tantrischen Schwanz eine alte Schriftrolle, auf der mit finsteren Buchstaben diese negative Sexualmagie geschrieben steht, die der Verräter Parsifal Krumm-Heller und der finstere Baal Omar Cherenzi Lind lehren. Wir müssen das Wasser in Wein verwandeln, um unsere metallische Schlange an dem Stab aufsteigen zu lassen, so wie Moses es in der Wüste tat.

So vereint sich die Seele mit dem Innersten in den feurigen universellen Flammen. Der Verstand muss keusch und rein werden, im erhabenen Donner der Gedanken. Der Verstand darf sich nicht Dinge einverleiben, die den Götzen dargeboten werden.

Der Verstand darf sich nicht von Jezebel täuschen lassen. Sei rein, mein Bruder, sei vollkommen, sei keusch in Gedanken, Worten und Handlungen. Der Pfad ist sehr schwierig, sehr schmal und sehr eng, denn die Keuschheit gefällt niemandem. Die Spiritualisten aller Schulen hassen die Keuschheit, denn sie ist das Tor zu Eden und sie mögen Eden nicht, denn sie essen an Jezebels Tisch und verehren die Baals. Bemüht euch durch die enge Tür zu treten; denn ich sage euch, viele versuchen einzutreten und können es nicht.

Sobald der Hausherr sich erhoben und die Türe verschlossen hat und ihr draußen steht und an die Pforte zu klopfen beginnt und ruft: Herr, mach uns auf!, wird er euch zur Antwort geben: Ich weiß von euch nicht, woher ihr seid.

Dann werdet ihr sagen: Wir haben vor deinen Augen gegessen und getrunken, und du hast auf unseren Straßen gelehrt.

Und er wird antworten: Ich sage euch: Ich weiß nicht, woher ihr seid; weicht von mir alle, die ihr die Werke des Bösen tut!

Da wird Heulen sein und Zähneknirschen, wenn ihr Abraham, Isaak, Jakob und alle Propheten im Reiche Gottes sehen werdet, euch selbst aber ausgestoßen. (Lukas 13: 24 – 28)

Seit mehr als achtzehn Millionen Jahren betreibt die Menschheit Unzucht, und wenn der Weg der Unzucht der richtige wäre, würde die Menschheit in einem Eden von ewigen Wundern leben, es würde weder Hunger noch Krieg geben und die Menschen wären Engel.

Aber sieh die Menschheit an, mein Bruder, seit achtzehn Millionen Jahren ejakuliert sie den Samen. Ist sie etwa glücklich? Haben sich die Menschen schon in Engel verwandelt? Ist die Erde schon ein Eden?

Wenn der Weg der tierischen Leidenschaft der wahre Weg wäre, dann wären die Menschen schon Engel. Was ist neu an den Lehren des Parsifal und Cherenzi? Ist es vielleicht etwas Neues, die Menschen zu lehren, den Samen zu ejakulieren? In welcher Epoche haben sich Menschen in Engel verwandelt, indem sie Unzucht trieben? Es war genau diese Ejakulation, an der die Menschheit gescheitert ist. Und jetzt?

In einem Tempel im östlichen Tibet gab es eine große Versammlung der Mahatmas, an der all die großen Schöpfer der Menschen teilgenommen haben. Aus dem unendlichen All stieg ein großer Sohn des Feuers herab und sprach:

Meine Brüder, wir müssen erkennen, dass die menschliche Evolution gescheitert ist. Wir, die Götter, haben einen Fehler gemacht, als wir den Menschen erschaffen haben.

Dort, in der Morgenröte des Lebens, wollten wir diese jungfräulichen Funken in Götter verwandeln, aber das Resultat waren Dämonen.

Danach zählte jenes große Wesen nacheinander alle Propheten auf, die zur Menschheit geschickt wurden, und erzählte, wie sie alle von der menschlichen Spezies gesteinigt, verfolgt, vergiftet und gekreuzigt wurden.

Nachdem er seine Ansprache beendet hatte, verließ jener große Sohn des Lichtes den Raum. Die großen Brüder konsultierten dann den Gott Sirius, um zu versuchen, dieses riesige Problem zu lösen.

Die Antwort kam schnell, sie kann in den folgenden Versen zusammengefasst werden: *Sie ist gefallen, sie ist gefallen, Babylon, die Große; sie wurde zur Behausung für Dämonen, zum Schlupfwinkel für jeglichen unreinen Geist und zum Schlupfwinkel für alles unreine und abscheuliche Gefieder. Denn vom Glutwein ihrer Buhlerei tranken alle Völker, die Könige der Erde buhlten mit ihr, und die Kaufleute der Erde sind reich geworden an ihrer maßlosen Üppigkeit.* (Off. 18:2 – 3)

Nur eine kleine Handvoll an Seelen wird sich im neuen Wassermannzeitalter reinkarnieren können. Millionen von menschlichen Seelen, vom Innersten getrennt, sinken nun in den finsteren Abgrund und sie werden sich während des neuen Wassermannzeitalters nicht reinkarnieren können.

Die große Hure war in Purpur und Scharlach gekleidet und geschmückt mit Gold, Edelgestein und Perlen. Sie hielt einen goldenen Becher in ihrer Hand, voll vom Gräuel und Unrat ihrer Buhlerei.

Das ist Jezebel, an deren Tisch die Propheten des Baal essen. Die Hunde werden Jezebel auf dem Feld von Jezreel fressen.

Auf der Stirn von Jezebel, die sich Prophetin nennt, steht dieser Name geschrieben: *Mysterium, Babylon, die Große, die Mutter der Buhlerinnen und der Gräuel der Erde.* (Off. 17:5)

Kapitel XXII

Das Kronenchakra

Du hast nun die dreiunddreißigste Kammer erreicht, oh Arhat! Die drei höheren Kammern des Kopfes wurden nun durch das Feuer verbunden.

Eine metallische Glocke lässt alle Bereiche der Erde erbeben und die Mitte deiner Zirbeldrüse erstrahlt in den lodernden Flammen des kosmischen Verstandes. Deine weiße Tunika strahlt schrecklich im feurigen Flackern der universalen Flammen. Unaussprechliche Orchester erklingen im Tempel in den großen Rhythmen des Feuers.

Diese feurige Rose deiner mentalen Krone lässt dein Gesicht und deine erhabenen Schläfen in den wogenden Flammen der Mentalwelt erstrahlen. Das ist der Lotus der tausend Blütenblätter; das ist die Krone der Heiligen, das ist das Auge der Vielsichtigkeit, das ist das diamantene Auge.

Oh Arhat! Du musst nun deine Zirbeldrüse mit deiner Hypophyse durch das Feuer verbinden. Sei standhaft und gibt nicht auf, wirf deine Krone dem Lamm zu Füßen, mein Sohn. Du hast die Krone des Lebens empfangen, oh Arhat!

Diese Arbeit hast du schon mit der feurigen Schlange des physischen Körpers, mit der feurigen Schlange des ätherischen Körpers, mit der feurigen Schlange des Astralkörpers vollbracht.

Nun, mein Bruder, hast du diese Arbeit mit der Schlange des Mentalkörpers vollbracht. Das ist der vierte Grad der Macht des Feuers. Später musst du die gleiche Arbeit mit der fünften, mit der sechsten und mit der siebten Schlange vollbringen.

Es sind zwei Gruppen mit je drei Schlangen und dazu die erhabene Krönung der siebten Schlange, die uns mit dem Einen, mit dem Gesetz und mit dem Vater verbindet.

Wir müssen unsere dreiunddreißig Kammern sieben Mal durchlaufen.

Die sieben Grade der Macht des Feuers sind spiralförmig gestaffelt. Hesekiel beschrieb die sieben Grade der Macht des Feuers und die dreiunddreißig Kammern unseres Tempels folgendermaßen:

Die Seitenräume aber, Seitenraum an Seitenraum, beliefen sich auf dreißig in drei Stockwerken, und Absätze waren in der Mauer des Tempels für die Seitenräume ringsum, die als Träger dienten, sodass sie nicht in die Mauer des Tempels eingriffen.

Die Seitenräume wurden nach oben hin immer weiter, entsprechend der Erweiterung der Mauer nach oben zu rings um den Tempel. Darum nahm die Weite gegen den Tempel nach oben hin zu. Von dem unteren Stockwerk stieg man hinauf zu dem mittleren und von dem mittleren zu dem obersten.

Ich sah rings um den Tempel ein erhöhtes Pflaster. Die Fundamente der Seitenräume machten eine volle Rute aus, sechs Ellen, die sich verjüngten. (Ezechiel, 41:6 – 8)

Er erklärte mir: "Die Zellen im Norden und die Zellen im Süden, die gegenüber dem umfriedeten Platz liegen, das sind die heiligen Zellen, wo die Priester, die sich dem Herrn nahen dürfen, das Hochheilige verzehren sollen. Dorthin sollen sie das Hochheilige, das Speise-, Sünd- und das Schlachtopfer bringen; denn der Ort ist heilig.

Wenn die Priester hereinkommen, so dürfen sie nicht gleich vom Heiligtum in den äußeren Vorhof hinausgehen. Vielmehr sollen sie dort ihre Gewänder niederlegen, in denen sie den Gottesdienst verrichten; denn heilig sind sie. Sie sollen andere Kleider anziehen und sich erst dann auf den Platz begeben, der für das Volk bestimmt ist. (Ezechiel 42:13 – 14)

Jede der dreiunddreißig Wirbel unserer Wirbelsäule hat einen atomaren Gott von makelloser Schönheit. All diese dreiunddreißig atomaren Götter erstrahlen nun feurig im Verstand des Arhat.

Die sieben feurigen Rosen der Wirbelsäule funkeln glühend mit dem lodernden Feuer deines Rückenmarkkanals, oh Arhat!

Kapitel XXIII

Die sieben feurigen Rosen der Wirbelsäule

Unsere Wirbelsäule besitzt sieben feurige Rosen. Diese sieben feurigen Rosen treten in Aktivität mit dem heiligen Feuer des Kanals Shushumna. Das heilige Feuer wird erzeugt, wenn die solaren und lunaren Atome unserer zwei Nervenstränge in Kontakt kommen.

Diese zwei sympathischen Nervenstränge sind im Osten als Ida und Pingala bekannt. Ida und Pingala verlaufen entlang der gekrümmten Oberfläche unserer Wirbelsäule, in der sich der Kanal Shushumna befindet.

Diese zwei sympathischen Nervenstränge sind unsere zwei Zeugen, unsere zwei Olivenzweige und die zwei Kerzenhalter, die sich vor dem Gott der Erde befinden.

Diese zwei Nervenstränge kommen aus dem Sakralzentrum der Wirbelsäule, genannt Triveni. Wenn die solaren und lunaren Atome dieser zwei Nervenstränge sich im Sakralzentrum verbinden, erwacht das heilige Feuer und aktiviert Triveni oder Muladhara, welches die Kirche des Steißbeins ist, die die Macht hat, das prostatische Chakra oder Wurzelchakra zu öffnen.

Die Wirbelsäule wird bei den Hindus Brahmadanda oder Stab des Brahma genannt und wird auch von einem Bambusrohr mit sieben Knoten symbolisiert, das die Yogis in Indien tragen.

Der Kanal Shushumna wird zusammen mit den zwei sympathischen Nervensträngen durch ein Bambusrohr mit drei Knoten symbolisiert, das die transhimalajanischen Yogis benutzen, die sich immer am See Mânsarovara versammeln, deshalb nennt man diese Yogis Tridandis. Das alles symbolisiert die brahmanische Kordel der drei vitalen Luftströme des reinen Akasha.

Der rechte Nervenstrang korrespondiert mit dem rechten Nasenloch, der linke Nervenstrang gehört zum linken Nasenloch. Der rechte Nervenstrang ist solar, positiv; der linke Nervenstrang ist lunar, negativ.

Wenn die solaren und lunaren Atome der brahmanischen Kordel im Sakralzentrum Triveni in Kontakt treten, wird Kundalini aktiviert und öffnet den Weg zu Brahmarandra, der Fontanelle der Neugeborenen, um nacheinander hell auf der Stirn, in der Kehle und im Herz zu strahlen.

Der Sitz des Brahma ist im Herzen; das Herz ist der Sitz von Atma-Buddhi-Manas. Der spirituelle Mensch wohnt im Herzen. Die erste Schlange, die dem physischen Körper angehört, erreicht nur Brahmarandra, um hell im Stirnchakra zu erstrahlen. Dieses Zentrum hat sechsundneunzig Strahlen.

Die zweite Schlange, die dem ätherischen Körper angehört, erreicht nur die Stirn. Aber die anderen fünf Schlangen müssen zwangsläufig das Herz erreichen. Die zweite Rose unserer Wirbelsäule öffnet den Solarplexus.

Dieses Zentrum hat zehn Strahlen, fünf Aktive und fünf Passive. Jedoch, das heilige Feuer versetzt alle in vollständige Aktivität. Das Gehirn und das Herz erstrahlen vollständig mit dem Feuer von Kundalini.

Die siebenfache Wirkung des heiligen Feuers in der Zirbeldrüse spiegelt sich in der Aura des Herzens wieder und versetzt die sieben kardinalen Zentren in Aktivität.

Dieses dritte Zentrum tritt in vollständige Aktivität, wenn Kundalini die dritte feurige Rose entzündet. Das Chakra des Herzens hat zwölf Blütenblätter. Die vierte feurige Rose öffnet die feurigen Flügel und ist eng mit dem Tastsinn verbunden.

Die fünfte feurige Rose öffnet das Chakra der Schilddrüse, das mit dem okkulten Ohr in Verbindung steht. Dieses Chakra hat sechzehn Blütenblätter.

Die sechste feurige Rose gehört dem zweiunddreißigsten Wirbel unserer Wirbelsäule an. Das ist die zweite höhere Kammer des Kopfes und öffnet das Stirnchakra, das uns Hellsichtigkeit verleiht.

Dieses Zentrum hat sechsundneunzig Strahlen und es erstrahlt mit dem heiligen Feuer auf der Stirn. Dieses Stirnchakra ist das Organ der Sehkraft der psychischen Ebene. Dieses Organ befindet sich in der Hypophyse, welche sieben Arten von Hormonen hat. Die siebte feurige

Rose gehört der Zirbeldrüse an. Die Hypophyse ist nur ein Instrument oder Lichtträger der Zirbeldrüse.

Die Zirbeldrüse ist verbunden mit dem Uterus und ihren Kleinhirnstielen, mit den Eileitern der Frau. Im Mann ist die Zirbeldrüse eng mit den Sexualdrüsen verbunden.

Nun erklären wir, warum dieses Chakra bei den Unzüchtigen nicht aktiviert werden kann. Jeder sexuelle Verschleiß spiegelt sich in der Zirbeldrüse wieder.

Die gesamte Majestät Gottes spiegelt sich in der siebten feurigen Rose wieder.

Diese siebte feurige Rose ist die Krone der Heiligen und hat tausend Blütenblätter von unbeschreiblichem Glanz. Unser Gehirn hat sieben Hirnkammern und unser Herz hat auch sieben Zentren. Diese sieben Kammern unseres Gehirnes entsprechen den sieben Stufen der göttlichen Harmonie und sind gefüllt mit reinem Akasha.

Der psychische mentale Mensch wohnt im Kopf mit seinen sieben Toren und im Herzen wohnt Atman-Buddhi-Manas (der himmlische Mensch). Durch das Feuer müssen wir den Verstand mit dem Herzen verbinden. Der Kelch und das Herz müssen in vollkommenem Gleichgewicht sein und das ist nur möglich, wenn das Herz und der Kopf durch das Feuer verbunden sind.

Die Windungen des Gehirns wurden durch die silberne Rüstung des Mentalkörpers gebildet. Die dritte Kammer des Gehirns ist voller Licht und dieses Licht wird strahlender mit dem heiligen Feuer von Kundalini. Die sechste Kammer gehört der Zirbeldrüse an.

Die Zirbeldrüse oder das Kronenzentrum ist ein längliches abgerundetes Organ von sechs bis acht Millimeter Länge. Sie hat eine dunkle, rötlich graue Farbe und ist verbunden mit dem hinteren Teil der dritten Kammer des Gehirns.

Sie hat an ihrer Basis zwei feine und schöne Rückenmarkfasern, die in verschiedenen Richtungen zu den optischen Thalami laufen. Die Hypophyse ist mit der Zirbeldrüse durch einen sehr feinen kapillaren Kanal verbunden, der in Leichen verschwindet. Die Zirbeldrüse ist umgeben von sehr feinem Sand.

Dieser feine Sand ist der „Acervulus Cerebri", die Konkretion des Mentalkörpers und das effiziente Werkzeug des Verstandes. Im Kopf befinden sich die sieben Hauptchakren, die die sieben Plexus regieren.

Wenn der Mentalkörper schon vollkommen durch die vierte Schlange christifiziert ist, verwandelt er sich in ein effizientes Werkzeug des Innersten. Das wahre Sein benutzt den Verstand als Element der Regulierung und Kontrolle der sieben astralen Plexus.

Der Verstand kontrolliert seine Plexus durch die sieben Hauptchakras des Gehirns. Der Solarplexus ist unser Gehirn der Emotionen, und wenn er aktiviert wird, erweckt er den Plexus hepaticus und den Plexus splenicus.

Das Herz repräsentiert unsere göttliche Triade; der Plexus splenicus und der Plexus hepaticus repräsentieren unser niederes Viereck; und der Solarplexus ist esoterisch gesehen das Gehirn des Magens; esoterisch gesehen platzieren wir dort Saturn, der die Sonne unseres Organismus ist.

Die Spiritualisten aller Schulen haben die astralen Chakras studiert, aber sie haben niemals die sieben Leuchter des Mentalkörpers studiert, die im Feuer des Arhat erstrahlen.

Unsere Chakras sind siebenfach in ihrer Konstitution, genauso wie unsere heilige Schlange und unsere brahmanische Kordel. Die sieben feurigen Rosen unserer Wirbelsäule sind auch siebenfach in ihrer inneren Konstitution.

Unser Gehirn hat sieben Kammern und auch unser Herz hat sieben göttliche Zentren. Das heilige Feuer wird aktiviert, wenn die solaren und lunaren Atome der brahmanischen Kordel im Triveni in Kontakt kommen.

Dieser Kontakt ist nur möglich, wenn man intensiv Sexualmagie mit der Priesterin praktiziert oder durch das Opfer einer vollkommenen und definitiven sexuellen Enthaltsamkeit.

Die machtvollsten Mantrams, die im gesamten Universum bekannt sind, um das heilige Feuer zu erwecken, sind die Folgenden: ***Kandil Bandil Rrrrrrrrrrrrr***.

Diese Mantrams singt man folgendermaßen: ***Kan*** mit lauter Stimme, ***Dil*** mit leiser Stimme, ***Ban*** mit lauter Stimme, ***Dil*** mit leiser Stimme. Den Buchstaben ***R*** spricht man verlängert und in hoher Tonlage, indem man den Klang der Rassel der Klapperschlange imitiert.

Die erste feurige Rose unserer Wirbelsäule entspricht den Organen der Fortpflanzung und den Atmungsorganen der Rasse.

Die zweite feurige Rose entspricht dem Geschmackssinn.

Die dritte feurige Rose entspricht dem Herzen.

Die vierte feurige Rose entspricht den Flügeln.

Die fünfte feurige Rose entspricht dem Ohr.

Die sechste feurige Rose entspricht dem Sehsinn.

Die siebte feurige Rose entspricht dem diamantenen Auge, dem Auge des Brahma, dem Kronenchakra oder dem Zentrum der Vielsichtigkeit, das uns erlaubt, in allen Ebenen des Bewusstseins zu sehen. All unsere Sinne sind eng mit den Tattwas verbunden und mit den verschiedenen Sphären oder Ebenen des kosmischen Bewusstseins, die sich durch die sieben feurigen Rosen unserer Wirbelsäule ausdrücken.

Das Erwachen dieser sieben feurigen Rosen ermöglicht uns Zugang zu den höheren Ebenen des kosmischen Bewusstseins. Dieser Aufstieg erfolgt spiralförmig durch die sieben Grade der Macht des Feuers.

Das heilige Feuer öffnet die Wege der Wahrheit.

Der Tastsinn gehört der vierten feurigen Rose an, den ewigen Flügeln, die uns erlauben, von Sphäre zu Sphäre zu den Ebenen des höchsten Bewusstseins aufzusteigen, wo nur die Glückseligkeit des Seins herrscht.

Kapitel XXIV

Das Bambusrohr deines Mentalkörpers

Die Schlange deines Mentalkörpers hat nun *Brahmarandra* erreicht, das heilige Zentrum der Fontanelle der neugeborenen Kinder. Dort ist die höhere Öffnung deines Bambusrohres, oh Arhat! Diese Öffnung bleibt bei gewöhnlichen Personen geschlossen, aber der Meister öffnet sie mit dem Feuer.

Empfange das symbolische Bambusrohr deines Mentalkörpers, oh Arhat! Das heilige Feuer hat den Weg geöffnet durch deinen Schädel und tritt nun aus in die umgebende Atmosphäre, wie ein flackerndes Feuer, das feurig lodert.

Du strahlst in der Welt des Verstandes wie eine leuchtende Sonne, oh Arhat! Du hast dich in eine feurige Flamme in der Welt des kosmischen Verstandes verwandelt. Unaussprechliche Musik erklingt in der Umgebung des Tempels. Empfange deinen Blumenstrauß, oh Arhat! Eine Eisenbahn entfernt sich schnell, gezogen von einer feurigen Maschine, rot wie das glühende Feuer des Raumes. Verstehe dieses Symbol, mein Kind!

Du musst einen sehr schweren Zug ziehen mit dem glühenden Feuer deines flammenden Verstandes. Du musst diesen Zug der menschlichen Evolution auf den spiralförmigen Schienen des Lebens ziehen, bis du das Reich des Vaters erreicht hast, mein Sohn.

Masicula und *Pasiculo,* so verwandelst du die Menschen. Das Feuer wandelt alles um, aber der Mensch kann das Leben nicht besitzen, wenn er nicht der Gnosis angehört. Der Verstand des Arhat erstrahlt in den feurigen Flammen von Mahat, wenn das heilige Feuer durch Brahmarandra austritt.

Das aurische Ei strahlt mit dem schrecklichen Feuer des Arhat. In diesem aurischen Ei wird der Duft all unserer unzähligen Persönlichkeiten aufbewahrt, die wir im Lauf dieses Rades der Geburten und Tode besessen haben. All diese Persönlichkeiten sind gestorben, aber ihr Duft wurde in den Baum des Lebens (der Innerste) und in das aurische Ei übertragen. Es sind nicht die menschlichen Persönlichkeiten, die sich reinkarnieren, sondern der Innerste, die göttliche Triade, der Baum des Lebens, in den der Duft seiner vergänglichen Blätter übertragen wurde. (Die vergänglichen Persönlichkeiten).

Das aurische Ei ist die schützende Rüstung, die all unsere inneren Vehikel schützt, es ist die Aura des Innersten. Das aurische Ei besteht aus der gleichen Substanz wie der Innerste und erstrahlt nun mit dem Feuer des Arhat. Mit den sieben Graden der Macht des Feuers wird die gesamte Weisheit und Allwissenheit der sieben Kosmokratoren synthetisiert.

Nun musst du durch das Feuer deine Zirbeldrüse vollkommen mit deiner Hypophyse vereinen. Im aurischen Ei werden alle unsere karmischen Schulden registriert. Der Innerste ist ein wahres Opferlamm, das das Karma all seiner vergangenen Persönlichkeiten zahlen muss.

Die tantrischen Persönlichkeiten trennen sich vollkommen vom Innersten und versinken im Avitchi, ohne ihren Duft in den Baum des Lebens, in die göttliche reinkarnierende Triade übertragen zu können. In diesen Fällen muss die ewige Triade sich mit einer neuen Persönlichkeit bekleiden, um ihre kosmische Evolution fortzuführen, während ihre frühere tantrische Persönlichkeit langsam im Avitchi desintegriert wird.

Heutzutage ist die menschliche Evolution gescheitert und der Großteil der menschlichen Persönlichkeiten ist bereits von ihrem Innersten getrennt. Im Wassermannzeitalter werden nur jene Innersten sich reinkarnieren, die ihre Persönlichkeit nicht verloren haben.

Die anderen, die Gescheiterten müssen in den inneren Welten warten, bis das lichtvolle Wassermannzeitalter vorbei ist und man im Steinbockzeitalter ihren finsteren Persönlichkeiten eine letzte Gelegenheit bietet.

Der Anbruch des Schützezeitalters wird es entscheiden; die Innersten, die bis dahin ihre rebellischen Persönlichkeiten beherrschen, werden deren Duft, ihre seelischen Extrakte assimilieren, um ihre kosmische Evolution durch das Rad der Geburten und Tode fortzusetzen.

Die Gescheiterten werden ihre tantrische Persönlichkeit verlieren, und nachdem sie sich mit einer neuen Persönlichkeit bekleidet haben, ihre kosmische Evolution als Nachzügler fortführen. Die früheren tantrischen Persönlichkeiten der Nachzügler, die von ihrem höheren Ego getrennt sind, werden langsam im Avitchi aufgelöst.

Unsere reinkarnierende Triade wird aus Atman-Buddhi-Manas gebildet. Das ist die ewige und unzerstörbare Triade. Das ist der Innerste mit seinen zwei Zwillingsseelen: die göttliche Seele und die menschliche Seele.

Das ist das AOM in uns.

Die irdischen Persönlichkeiten sind wie Blätter dieses wunderbaren Baums des Lebens. Das heilige Feuer des Arahts erlaubt uns, all die großen Mysterien des Feuers in der feurigen Rose des Universums zu studieren. Alles, was wir in diesem Kapitel über das Avitchi gesagt haben, kann mit den folgenden biblischen Versen zusammengefasst werden:

Der den guten Samen aussät, ist der Menschensohn. Der Acker ist die Welt; der gute Same, das sind die Söhne des Reiches und das Unkraut, das sind die Söhne des Bösen. Der Feind aber, der es säte, ist der Teufel. Die Ernte ist die Vollendung der Welt, und die Schnitter sind die Engel.

Wie man nun das Unkraut sammelt und im Feuer verbrennt, so wird es sein bei Vollendung der Welt. Der Menschensohn wird seine Engel aussenden, und sie werden zusammenholen aus seinem Reich alle, die Ärgernis geben und das Böse tun.

Und sie hineinwerfen in den Feuerofen; dort wird Heulen sein und Zähneknirschen. Dann werden die Gerechten leuchten wie die Sonne im Reiche ihres Vaters. Wer Ohren hat, der höre! (Matthäus 13:37 – 43)

Kapitel XXV

Wahrsager und Propheten

Doch Götzenbilder reden nur Schlechtes, und Wahrsager schauen nur Lüge; leere Träume erzählen sie, nichtigen Trost spenden sie. Darum ziehen die Leute dahin gleich einer Herde, irren umher, weil kein Hirte da ist. (Zachariel 10:2)

Wir müssen unterscheiden zwischen Wahrsagern und Propheten. Eliphas Levi sagt das Folgende: „Wahrsager (spanisch: *adivino*) kommt vom Wort *divinaris, divinus,* was soviel bedeutet wie die Göttlichkeit (spanisch: *divinidad*) auszuüben.

Aber der Abt Alfonso Luis Constant vergaß im Wort *adivino* den Buchstaben „A“, der dem Wort „divino“ vorangestellt ist. Die spanische Grammatik sagt Folgendes: „A“ ist eine Präposition, die Trennung, Entfernung bedeutet, z. B. bedeutet „Teo“ Gott, aber wenn wir den Buchstaben „A“ voranstellen, bilden wir das Wort „Ateo“ (deutsch: *Atheist*), mit dem wir jemanden bezeichnen, der nicht an Gott glaubt.

Adivino (Wahrsager) bedeutet genau das Gegenteil von *divino* (göttlich), d. h., teuflisch. Apolitisch bedeutet ein Individuum, das nicht politisch ist.

Wenn wir die Bibel sorgfältig lesen, finden wir kein einziges Wort, das für die Wahrsager spricht.

Als der König Nebukadnezzar befahl, Magier, Astrologen, Wahrsager und Zauberer zu rufen, um seinen Traum von der Statue zu interpretieren, war kein einziger Wahrsager in der Lage, dem König dieses Arkanum zu offenbaren, nur ein Prophet Gottes antwortete dem König und sagte:

Das Geheimnis, nach dem der König fragt, können Weise und Zauberer, Wahrsager und Sterndeuter dem König nicht mitteilen.

Doch ist ein Gott im Himmel, der Geheimnisse aufdeckt und den König Nebukadnezar wissen lässt, was am Ende der Tage geschehen wird. (Daniel 2:27, 28)

Das ist wörtlich aus dem zweiten Kapitel des Buchs Daniel und lädt uns zum Meditieren ein. Daniel, der Prophet des lebendigen Gottes, war der Einzige, der in der Lage war, den Traum des Nebukadnezzar zu interpretieren. Die Wahrsager sind finstere Seher, schwarze Magier. Die Propheten sind Seher des Lichtes, weiße Magier.

Die Wahrsager (*adivinos*) sehen Bilder aus dem Abgrund und träumen Träume vom Abgrund, mithilfe deren sie Ereignisse vorhersagen, die falsch sein können, denn die finsteren Bilder des Abgrundes kristallisieren sich nicht immer in der physischen Welt.

Die finsteren Szenen des Abgrundes gehören tatsächlich dem Abgrund an, aber sie kristallisieren sich nicht immer in der physischen Welt. Die Propheten sind Seher des Lichtes, Männer Gottes, erleuchtet vom Heiligen Geist, und ihre Vorhersagen sind genau, weil ihre Zirbeldrüse und ihre Hypophyse vollkommen vom heiligen Feuer erleuchtet sind.

Die Chelas der Weißen Bruderschaft sind Lehrlinge, sie sind Schüler der Propheten und deshalb können sie als Botschafter der Propheten dienen und den Menschen Worte der heiligen Meister überbringen. Um Prophet zu sein, muss man den Heiligen Geist empfangen. Aber die Schüler unserer weißen Loge sind Botschafter der Propheten und Schüler der Propheten.

Eitle Träume kommen aus dem Abgrund. Träume des Lichtes kommen vom Licht. Unter den Propheten gibt es Hierarchien. Die Erleuchtung kommt langsam, denn „die Natur macht keine Sprünge“. Überall gibt es verschiedene Stufen und verschiedene Grade.

Es gibt den Seher des Sehers und den Propheten des Propheten. Der Seher des Sehers ist der Innerste, der Prophet des Propheten ist der Innerste. Die erleuchteten Visionen unserer Schüler kommen von den weißen Hierarchien.

Aber wenn unsere Schüler sich der Unzucht hingeben und den schwarzen Pfad einschlagen, entfernen sie sich vom Pfad der Propheten und werden Wahrsager (*adivinos*).

Dann sind ihre Träume Träume vom Abgrund, eitle Träume und ihre finsteren Vorhersagen werden leider fehlschlagen und sie beschämen. Die Propheten sind Meister der ehrwürdigen weißen Loge. Wahrsager (*adivinos*) sind schwarze Magier, finstere Seher, Propheten des Baal, die von Jezebels Tisch essen und lehren, Unzucht zu treiben und Dinge zu essen, die den Götzen dargeboten werden.

Unsere Schüler müssen dem Pfad der Vollkommenheit folgen, sie müssen rein, rein, rein sein, damit der reine Kristall ihrer Vorstellungskraft ein vollkommener Spiegel ist, in dem sich all die kostbaren Bilder des universalen Feuers widerspiegeln.

All die unreinen Gedanken, all der Hass, Neid, all die Eifersucht, Bosheit, usw., trüben den reinen Kristall der Hellsichtigkeit und verwandeln unsere Schüler in Seher der Schatten, in Wahrsager (*adivinos*).

Kapitel XXVI

Der Baum der Wissenschaft von Gut und Böse

Dann sprach er: „Ja, der Mensch ist jetzt wie einer von uns geworden, da er Gutes und Böses erkennt. Nun geht es darum, dass er nicht noch seine Hand ausstrecke, sich am Baume des Lebens vergreife, davon esse und ewig lebe."

So wies Gott, der Herr, ihn aus dem Garten Eden fort, dass er den Ackerboden bearbeite, von dem er genommen war.

Er vertrieb den Menschen, ließ ihn östlich vom Garten Eden wohnen und stellte die Kerubim und die flammende Schwertklinge auf, den Weg zum Baum des Lebens zu behüten. (Genesis: 3:22 – 24)

Mein Kind, du hast vom Baum der Wissenschaft von Gut und Böse gegessen und du weißt, dass seine Früchte „süß im Mund und bitter im Magen" sind.

Und du hast das Glück erfahren, mein Bruder, ein Kind zu haben, den Schmerz, es zu verlieren, du hast alle Freude der Rasse genossen, du hast dich wie ein Schwein im Schlamm der Erde gewälzt und hast von allen Kelchen der Versuchung getrunken.

Nun, mein Kind, zerstöre den Kelch der Unzucht, damit du nach Eden zurückkehrst und das Gute und Böse kennst, wie einer von uns. Seit achtzehn Millionen Jahren isst du von der verbotenen Frucht, nun kennst du den Geschmack dieser Frucht, mein Bruder und hast das Wissen von Gut und Böse mit viel Bitternis erlangt.

Entscheide dich, nicht von diesem verbotenen Baum zu essen, damit du Eden betreten darfst, von wo du vertrieben wurdest. Dort wirst du von dem anderen Baum von Eden essen, genannt „Baum des Lebens" und du wirst ewig leben und Flüsse von reinem Wasser werden aus deinem Bauch fließen.

Du hast genug gelitten, mein Sohn, du bist ein Bewohner des Tals der Bitternisse, im Schweiß deines Angesichts hast du vom Brot der Erde gegessen und Dornen und Disteln haben dein Fleisch durchbohrt.

Iss nicht von dieser schmerzvollen Frucht, mein Sohn … Tritt nun ein in Eden durch die Tür, durch die du es verlassen hast … du kennst nun Gut und Böse, zerstöre den rebellischen Kelch und tritt ein, mein Sohn, tritt ein … du bist einer von uns, die wir Gut und Böse kennen.

Versuche nicht, die Mauern von Eden zu zerstören oder zu überwinden, mein Bruder, denn das Paradies kannst du durch nur die Tür betreten, durch die du es verlassen hast.

Der Mensch hat das Paradies durch die Tür der Sexualität verlassen und nur durch diese Tür kann er das Paradies wieder betreten. Eden ist die Sexualität und Eden können wir nur dort betreten, wo wir herausgekommen sind. Vergeblich werden die eitlen Menschen versuchen, die Mauern von Eden zu stürmen. Das Paradies können wir nur durch die Tür betreten, durch die wir es verlassen haben … diese Tür ist die Sexualität.

Vergeblich werden die theoretischen Spiritualisten, die Unzüchtigen und anderen Propheten von Baal, die an Jezebels Tisch essen, versuchen, die Mauern zu zerstören. Du hast das Griechische und das Römische kennengelernt, du hast am biblischen Exodus teilgenommen und die strengen Priester aller Religionen der Erde boten dir Trost für einen Tag.

Du hast das Büßerhemd getragen, Fasten und Buße erlitten und der Portikus aller Tempel aller Religionen der Erde konnten dein schmerzendes Herz kaum trösten, aber der Stachel der Zeit hat dich für die raue Wirklichkeit der Existenz erweckt und du konntest auf deinem Weg keinen Reisenden finden, der dich trösten konnte.

Katholik oder Protestant, Buddhist oder Moslem sind nur verwelkte Blätter in deinem schmerzenden Herz. Du warst ein Mann, du warst eine Frau und hattest Verehrer vor deinem Fenster … und du hast dich an Orgien und Banketten erfreut … an Feiern und Getöse …

Du warst Bettlerin und arm … alt, hilflos … und die Händler warfen dich mit Fußtritten aus ihren Läden.

Du warst eine große Matrone mit Parfum, Gold und Seide, und jedes Mal, wenn der Tod dich besuchte, erkanntest du die Eitelkeit der vergänglichen Dinge.

Erinnere dich an deine erste Liebe … erinnere dich, woher du gekommen bist … und tritt durch Tür von Eden, mein Bruder. Die Tür von Eden ist die Sexualität … und durch diese Tür bist du gegangen, als der Herr Jehova dich vertrieb, weil du sein Gebot missachtet hast. Gehorche nun, mein Sohn und tritt ein.

Öffne, Libanon, deine Pforten, dass Feuer deine Zedern verzehre! (Zacharias 11:1)

So spricht der Herr der Heerscharen: Wenn du auf meinen Wegen wandelst und meinen Dienst genau ausführst, dann sollst du auch die Verwaltung meines Hauses und die Aufsicht über meine Vorhöfe innehaben, und ich gewähre dir Zutritt bei denen, die hier stehen. (Zachariel: 3:7)

Kapitel XXVII

Hellsichtigkeit

Wir haben in vorherigen Kapiteln erklärt, was göttliche Hellsichtigkeit ist. Unter den Hellsichtigen gibt es verschiedene Grade und Stufen, denn die Erleuchtung erlangt man stufenweise … nach und nach …

Man muss zwischen der Hellsichtigkeit der Schüler und der Hellsichtigkeit der Meister unterscheiden. Wenn der Meister seine erste Schlange bis zur Stirn erhoben hat, erhält sein buddhischer Körper die buddhische Helsichtigkeit und dann erstrahlt zwischen den Augenbrauen seines buddhischen Körpers ein fünfzackiger Stern, der ein reines weißes strahlendes Licht verbreitet.

Wenn der Meister seine zweite Schlange bis zur Stirn erhoben hat, öffnet sich das Stirnchakra des ätherischen Körpers und der Meister erhält die ätherische Sicht. Wenn der Meister seine dritte Schlange bis zum Stirnchakra des Astralkörpers erhoben hat, dann wird er hellsichtig in der Astralwelt.

Wenn der Meister seine vierte Schlange bis zum Stirnchakra des Mentalkörpers erhoben hat, dann wird er hellsichtig in der Mentalwelt und das geschieht nach und nach mit den sieben Graden der Macht des Feuers. Aber die Schüler können ihre Chakras zum Drehen bringen und hellsichtig werden. So bereiten sich die Schüler für die Ankunft des Feuers vor.

Aber so stark die Hellsichtigkeit eines Schülers auch ist, wenn man sie mit dem Glanz des Stirnchakras eines Meisters der großen Mysterien vergleicht, erscheint sie wie eine mickrige Kerze im Vergleich zum strahlenden Licht der Sonne.

Das heilige Feuer deines Mentalkörpers hat sich den Weg bis zum Stirnchakra deines Mentalkörpers gebahnt. Oh Arhat! Du hast die Finsternis besiegt, du hast die Finsteren besiegt und die Tür deines Stirnchakra öffnet sich. Durch diese Tür kommt nun die weiße Taube des Heiligen Geistes inmitten der glühenden Flammen des lodernden

Feuers. Empfange nun einen kleinen braunen Stein … empfange ihn Bruder … du bist nun ein Hellsichtiger des Mahat.

Tritt ein in den Tempel, mein Bruder, um das Fest zu feiern. Nun ist es notwendig, mein Sohn, den Verstand und das Herz durch das Feuer zu vereinen. Herz und Kopf müssen in vollkommenem Gleichgewicht sein. Herz und Kopf müssen im Gleichgewicht sein.

Herz und Kopf müssen in vollkommener Harmonie sein und das ist nur möglich, wenn Herz und Kopf durch das Feuer vereint sind.

Von der Stirn bis zum Herzen gib es eine Straße, einen Weg und bestimmte geheime Kammern, die das Feuer durchlaufen muss.

Es ist unmöglich, dass das Herz und der Verstand in Gleichgewicht und Harmonie sind, ohne die Macht des Feuers. Die Spiritualisten aller Schulen sprechen vom Gleichgewicht zwischen Verstand und Herz, aber es ist unmöglich, dass der Verstand und das Herz in Gleichgewicht sein können, ohne die Macht des Feuers.

Kopf und Herz können sich nur durch Kundalini vereinen. Das Feuer verbindet den Verstand mit der göttlichen Triade, die im Herzen wohnt. Der Verstand gibt uns das Brot der Weisheit, wenn es sich durch das Feuer mit dem Herzen verbindet.

Der mentale Mensch wohnt im Kopf und der himmlische Mensch wohnt im Herzen.

Es ist notwendig, den mentalen Menschen durch das Feuer mit dem himmlischen Menschen zu verbinden. Kundalini verbindet Verstand und Herz.

Die Intellektuellen sind moralisch verdorbene Wesen, denn sie handeln nur unter der Führung des Hüters der Schwelle des Mentalkörpers, ohne die Stimme des himmlischen Menschen zu hören, der im Herzen wohnt.

Der Verstand muss sich in ein Werkzeug des Herzens verwandeln. Wir müssen lernen, mit dem Herzen zu denken.

Der Verstand muss wunderbar mit den auserlesenen Gefühlen des Herzens fließen.

Der Verstand muss liebevoll und einfach werden. Die Weisheit des Herzens erleuchtet den Verstand. Die Weisheit des Herzens sammelt sich im Kelch des Verstandes, wie erlösendes Blut. Der Verstand des Arhat wird durch den Heiligen Gral symbolisiert.

Die Liebe des Herzens ist das *summum* der Weisheit.

Kapitel XXVIII

Das magnetische Feld der Nasenwurzel

In der Nasenwurzel befindet sich die erste Kammer des feurigen Pfades, der von der Stirn bis zum Herzen führt. Klopfe energisch an die Tür dieser Kammer, oh Arhat! Raffinierte Versuchungen greifen dich in der Welt des kosmischen Verstandes an.

Man bietet dir Reichtum durch erotische Gelegenheiten, mit erhabenen Zielen. Bleib wachsam wie der Wächter in Zeiten des Krieges, denn diese raffinierten Prüfungen sind gefährlich, oh Arhat!

In der Nasenwurzel gibt es ein magnetisches Feld, in dem die solaren und lunaren Atome unseres Samensystems in Kontakt treten. Dieser Kontakt ist nur durch die Sexualmagie möglich, denn die Nasenlöcher sind durch die zwei Nervenstränge unserer Wirbelsäule eng verbunden mit der Kirche des Steißbeins.

Die Yogis in Indien erreichen diesen Kontakt der solaren und lunaren Atome in der Nasenwurzel und im Muladhara durch Pranayama. Das reine Akasha zirkuliert durch den Kanal Sushumna und seine zwei solaren und lunaren Strömungen treten im magnetischen Feld der Nase in Kontakt, wenn wir intensiv Sexualmagie praktizieren. Das sind die drei vitalen Luftströme der brahmanischen Kordel.

Diese drei vitalen Luftströme werden vom Innersten durch die Macht seines Willens regiert. Diese solaren und lunaren Kanäle müssen vollkommen rein sein, damit die solaren und lunaren Ströme frei durch ihre Nervenstränge zirkulieren können und damit das reine Akasha des Kanals Sushumna frei durch die Wirbelsäule fließen kann.

Deshalb ist sowohl für die Gnostiker als auch für die Yogis und Mystiker jede Art der Unzucht verboten. Die drei vitalen Luftströme, gestärkt durch die Willenskraft, verwandeln die Unzüchtigen in schwarze Magier und die heiligen und keuschen Menschen in weiße Magier.

Diese drei vitalen Luftströme verwandeln, gemeinsam mit der Unzucht und der „wissenschaftlichen" Ejakulation, wie sie von Parsival oder von Omar Cherenzi Lind in Bezug auf Sexualmagie gelehrt wird, die menschlichen Wesen in schwarze Magier.

Während der sexuellen Trance steigt unsere Samensubstanz zu ihrem entsprechenden Beutel ab.

Wenn diese Samensubstanz verschüttet wird, verlieren wir Millionen von solaren christischen Atomen, die durch die Bewegung der genitalen Kontraktion durch Millionen von dämonischen Atomen ersetzt werden, die in die brahmanische Kordel eintreten; und wenn wir durch die Willenskraft die drei vitalen Luftströme des reinen Akasha gestärkt haben, dann erweckt die Mischung von Akasha mit den gesammelten Atomen aus der Hölle des Menschen die luziferische Schlange auf negative und dämonische Art.

Mit dem Erwachen der tantrischen Mächte trennt sich das niedere Viereck schließlich von der göttlichen Triade und verwandelt sich in einen bösartigen Dämon des Abgrundes.

Diese Trennung vollzieht sich, wenn die Brücke, genannt Antakarana, die das niedere Viereck mit der göttlichen Triade verbindet, zerstört wird.

Die *Antakarana* entspricht der Nabelschnur des Fötus.

Mit der finsteren und negativen Sexualmagie des schwarzen Magiers Omar Cherenzi Lind und des Verräters Parsifal Krumm-Heller stärken sich die drei vitalen Luftströme und erwecken die feurige Schlange auf negative Weise, wenn sie sich mit den satanischen Atomen, die von den Sexualorganen nach der tantrischen Ejakulation absorbiert wurden, mischen.

So trennen sich die Schüler von Chernzi und die Schüler des Verräters Parsival von der göttlichen Triade und verwandeln sich in bösartige Dämonen. Aus Sushumna, Ida und Pingala strömt eine Zirkulation aus Akasha, die durch den ganzen Körper fließt. Das magnetische Feld der Nase ist ein Schlachtfeld und ein Ort der Überwachung.

Die Atome, die den Organismus schützen, haben dort ihren Überwachungsposten, um den Eintritt von schädlichen und bösartigen Atomen, die Krankheiten verursachen, zu verhindern.

Die Atome der Umwandlung und die aufstrebenden Atome unseres Organismus treten durch dieses magnetische Feld ein, um sich in den Dienst des Atoms Nous des Herzens zu stellen. All diese Prozesse der großen Einweihungen finden in den geheimen feurigen Kammern des Kanals Sushumna statt.

Die vier großen Einweihungen der höheren Mysterien sind: Srotapanna, Sakridagamin, Anagamin, Arhan. Dies sind die vier Pfade, die zum Nirvana führen.

Aber der Arhat muss, obwohl er ein Adept ist, noch die fünfte, die sechste und die siebte Schlange seiner göttlichen ewigen Triade erheben, um sich in einen Arhat des *Feuernebels* zu verwandeln. Das sind die sieben großen Einweihungen der höheren Mysterien. Es sind sieben Schlangen, die wir erheben müssen, indem wir intensiv Sexualmagie mit der Frau praktizieren oder durch die Kraft des Opfers einer vollkommenen und definitiven sexuellen Abstinenz, wie die jener authentischen Yogis, die dem Pfad der Vollkommenheit folgen oder wie die der erhabenen Mystiker Ramakrishna, Franz von Assisi oder Anton von Padua.

Die Meister der siebten feurigen Stufe sind nur einen Schritt entfernt von der grundlegenden Wurzel ihrer Hierarchie. Diese grundlegende Wurzel der weißen Hierarchie befindet sich im „*menschlichen Feigenbaum*“.

Dieses wunderbare Wesen ist der Meister der Meister der großen weißen Loge, Sanat Kumara, der Gründer des Kollegiums der Eingeweihten der universalen Weißen Bruderschaft. Er ist einer der vier Throne, von denen die Bibel spricht.

Dieses große Wesen stieg am Anfang der lemurischen Epoche zu unserer Erde herab, vor der Trennung der Geschlechter, um das Kollegium der Eingeweihten der großen Hierarchie zu gründen. Er ist seit jener Zeit in einem physischen Körper inkarniert, über den der Tod keine Macht hat. Er lebt in Asien.

Der Arhat, der die Welt des Feuernebels erreicht, ist nur einen Schritt entfernt von der achten und neunten Einweihung der grundlegenden Wurzel der Hierarchie.

Diese Gipfel erreicht man nur, indem man Sexualmagie praktiziert oder absolute und definitive Abstinenz schwört und dem Pfad der heiligen Vollkommenheit folgt. Das Karma ist kein Hindernis dafür, denn wir können alle unsere Schulden bezahlen, indem wir uns bis zum letzten Tropfen Blut für all die menschlichen Wesen opfern, die das Antlitz der Erde bevölkern.

Siehe, glücklich der Mensch, den Gott in Zucht nimmt! Verschmähe die Mahnung des Allmächtigen nicht! (Hiob 5:17)

Wer Geld hat, zu zahlen, der zahle und er wird ein gutes Geschäft machen. Vollbringe gute Taten, um deine Schulden zu zahlen. Wenn ein niederes Gesetz durch ein höheres Gesetz transzendiert wird, löscht das höhere Gesetz das niedere aus. Den Löwen des Gesetzes bekämpft man mit der Waage.

Der Mensch kann seine Ketten zerreißen, wann immer er will, die sieben feurigen Stufen hinaufsteigen und sich in einen Drachen der Weisheit im Feuernebel verwandeln.

Das ursprüngliche Atom Anu ist das reinste Atom, das durch das magnetische Feld unserer Nase eintritt; dieses Atom kann nicht multipliziert werden, weder im pre-genetischen noch im ur-genetischen Zustand, es ist die totale, allumfassende, allwissende, allgegenwärtige, begrenzte und vollkommen göttliche Summe.

Dieses Atom ist die Grundlage aller atomaren Aktivität des Magnetfelds der Nase und des Chakras Muladhara. Fohat wählt die Atome aus, die durch unsere Nasenlöcher eintreten dürfen.

Fohat verbindet die verschiedenen atomaren Elemente für unsere göttlichen Zwecke. Jedes menschliche Wesen besitzt sein eigenes Fohat; jede kosmische Welt besitzt ihr eigenes Fohat und die totale Summe aller Fohats bildet ein universales Fohat, das universale Feuer des Lebens, dessen intelligente Flammen die atomaren Elemente des Alls verbinden, um die chaotische Materie zu befruchten.

Die Mutter schläft, doch sie atmet fortwährend.

Jedes Atom des Kosmos ist zu unaufhörlichen Differenzierungen verdammt; nur Anu erlaubt keine Differenzierungen.

Der Atem von Vater-Mutter tritt hervor kalt und strahlend und wird heiß und verdorben, um wieder kalt und gereinigt zu werden in dem ewigen Schoße des inneren Raumes.

Alles atmet; alles fließt und fließt zurück; alles atmet ein und atmet aus. Jeder Atmungsvorgang basiert auf der Atmung des Absoluten. Das Absolute atmet ein und aus. Jedes Ausatmen des Absoluten ist ein kosmischer Tag und jedes Einatmen des Absoluten ist eine kosmische Nacht.

Als das Herz unseres solaren Systems nach der kosmischen Nacht zu schlagen begann, wiederholte es das Einatmen und Ausatmen des Absoluten in seinen sieben „Laya"-Zentren, deren chaotische Massen durch das Fohat befruchtet wurden, damit sich die sieben Welten unseres Solarsystems aus dem Chaos entfalten konnten.

Dieses Atmen des Absoluten wiederholt sich im Atom, es wiederholt sich in der Ameise, es wiederholt sich im Adler und im Menschen. Alles fließt und fließt zurück, alles kommt und geht, alles pulsiert in diesem Rhythmus der göttlichen Atmung.

Während der ersten Dynastien der Pharaonen des antiken Ägyptens erhielt ich den Schlüssel der Sexualmagie im heiligen Raum einer alten Pyramide, die von der Sonne der Wüste verbrannt war.

Der Meister, gekleidet mit seiner weißen Tunika, stand neben einem senkrechten Stab, der den Phallus symbolisierte.

Mit der besonnenen und strengen Stimme der alten Hierophanten belehrte er mich ausführlich über die großen Mysterien der Sexualität. Ich saß auf einem Stuhl und hörte dem Hierophanten aufmerksam zu.

Dann richtete er seinen durchdringenden Blick auf mich und sagte mit kräftiger und autoritärer Stimme:

„Entblöße dein Che-Che-Re."

Ich entblößte mein Sexualorgan und der Meister vertraute mir mündlich das unaussprechliche Geheimnis des großen Arkanums an, das darin besteht, sich sexuell mit der Frau zu verbinden und sich zurückzuziehen, ohne die Samen zu ejakulieren, d. h., sich während des Aktes zu zügeln.

Dann praktizierte ich mein erstes Ritual der Sexualmagie mit der Priesterin unter der Leitung des Hierophanten.

„Das ist wunderbar“, rief ich.

Derjenige, der das unaussprechliche Geheimnis des großen Arkanums verletzte, wurde zum Tode verurteilt, man enthauptete ihn, riss sein Herz heraus und seine Asche wurde in alle vier Winde zerstreut. Wenn der Samen nicht verschüttet wird, lässt das gezügelte Verlangen unsere Samenenergie mit Billionen christischer Atome aufsteigen, die mit ihrem Licht und Glanz die drei Kanäle erleuchten, durch die das reine Akasha zirkuliert.

Die Mischung der christischen Atome, die das Ergebnis der Umwandlung unseres Samens in Energie ist, erweckt, wenn sie sich mit dem reinen Akasha verbindet, Kundalini auf positive Weise und öffnet den Weg nach oben, in Richtung Brahmarandra, durch die dreiunddreißig Kammern unserer Wirbelsäule; so erreicht man die Adeptschaft.

Ich wurde zu Füßen der großen Hierophanten der Pyramiden unterrichtet und lernte das antike Wissen der alten Weisen der Tempel der Mysterien kennen. Deshalb fühle ich nichts als unendliches Mitgefühl, wenn ich heutzutage diese Menschen des zwanzigsten Jahrhunderts sehe, die „mystisch“ Unzucht treiben.

Der Akasha-Atem tritt in unsere Nasenlöcher ein und steigt durch unsere brahmanische Kordel ab. Wenn Akasha durch unseren Willen gestärkt wird und durch die Willenskraft der kosmischen Hierarchien von oben herabsteigt, vom Himmel Uranias und sich in die Tiefen unserer Wirbelsäule stürzt, erzeugt das den Zischlaut Sssss.

Und wenn der Akasha-Atmen sich mit den solaren und lunaren Strömen und mit den christischen Atomen, die Kundalini bilden, trifft, dann steigt das heilige Feuer um einen Wirbel, eine Kammer nach oben in seinem Weg durch die dreiunddreißig Kammern bis Brahmaradra.

Wenn der Akasha-Atem, gestärkt durch die Willenskraft, durch unsere brahmanische Kordel absteigt, und anstatt auf christische Atome auf Atome der Unzucht trifft (satanische Atome, die aus den Höllen des Menschen durch die Bewegungen der genitalen Kontraktion aufgenommen wurden, die durch die Ejakulation entstehen), dann wird das Zusammentreffen von Akasha mit den satanischen Atomen das Erwecken von Kundalini auf negative Weise verursachen und ein satanisches Atom, das sich in Muladhara befindet, wird aktiviert und kontrolliert Kundalini, indem es sie vom Steißbein hinunter in die atomaren Höllen des Menschen absteigen lässt, um den berühmten Schwanz zu bilden, mit dem Satan dargestellt wird.

Durch die Ejakulation, die der schwarze Magier Omar Cherenzi Lind und der verirrte finstere Parsival Krumm-Heller empfehlen, nehmen die Sexualorgane durch die genitale Kontraktion satanische Atome des geheimen Feindes auf, die, wenn sie nach oben, zu Urania aufsteigen wollen, heftig durch den Akasha-Atem abgewiesen und nach unten, zum Steißbein getrieben werden, um Muladhara negativ zu erwecken und ein bestimmtes Atom des geheimen Feindes zu aktivieren, das die Kontrolle über Kundalini übernimmt und sie nach unten leitet, zu den niederen Welten des Bewusstseins und den berühmten Schwanz der Dämonen bildet.

So trennen sich die Schüler der schwarzen Magier von der göttlichen Triade, gebildet von Atman-Buddhi-Manas und verwandeln sich in tantrische Persönlichkeiten des Abgrundes.

Akasha ist nicht der Äther, wie viele glauben. Akasha ist der Ursache des Klanges, die spirituelle Ursache des Wortes, das „Anima Mundi“, das Göttliche, die göttlichen Hierarchien, deren Atem durch das magnetische Feld der Nase eintritt.

Deshalb sagen die heiligen Schriften, dass Gott den Hauch des Lebens in die Nase Adams blies und ihm eine lebendige Seele einhauchte.

Da bildete Gott, der Herr, den Menschen aus dem Staub der Ackerscholle und blies in seine Nase den Odem des Lebens; so ward der Mensch zu einem lebendigen Wesen. (Genesis 2:7)

Kapitel XXIX

Die erste heilige Kammer der Nasenwurzel

Du hast subtile Prüfungen bestanden, oh Arhat! Tritt nun ein, mein Bruder, in die erste heilige Kammer, die von der Stirn zum Herzen führt. Du hast begonnen, den Verstand mit dem Herzen zu verbinden. Tritt nun ein in den Tempel, mein Bruder, um das Fest zu feiern. Erfreue dich, Herz, singe, mein Sohn …

Endlich nach so vielen Jahrhunderten … wird sich dein Verstand mit dem Herzen verbinden. Singe, Herz, denn dein Verstand hat sich vor der Majestät des Innersten erniedrigt …

Singe, Herz, denn der Verstand schreitet im lodernden Feuer in deine Richtung voran. Singe, Herz, denn die Weisheit verwandelt sich nun in Liebe. Du hast die heilige Kammer des magnetischen Feldes der Nasenwurzel betreten.

Der Tempel feiert, mein Sohn, denn die Barke deines Verstandes kehrt vom anderen Ufer zu den unaussprechlichen Stränden Edens zurück, wo die Flüsse des reinen Wassers des Lebens Milch und Honig führen.

Singe, Herz, singe, denn das rebellische Haus von Israel hat sich vor Gott gedemütigt und erniedrigt. Singe, Herz, singe, denn deine Barke segelt zum Hafen des Lichtes. Singe, Herz, denn dein Verstand hat sich befreit von allen Arten von Schulen, Religionen, Orden, Sekten, Logen, Konzepten über Vaterland und Flaggen, Vorurteilen, Begierden, Ängsten, Hass, Neid, Intellektualismus, Sophismen, Theorien, usw.

Der Intellektualismus kann die Menschen nur zur schwarzen Magie führen, denn er wird immer begleitet von Stolz und Egoismus. Sind es etwa nicht die Hochmütigen, sind es etwa nicht die Gelehrten des Spiritualismus, die uns immer angegriffen und kritisiert haben und die unsere Werke zornig zerstört haben?

Der Intellekt alleine führt die Menschen nur zur schwarzen Magie. Jene, die uns immer kritisieren, zurückweisen und angreifen, sind nur getrieben von Stolz, Egoismus und Eitelkeit. Die Meisterin H. P. Blavatsky kannte Adepten mit sehr mittemäßiger Intelligenz, aber sie waren Adepten.

Die Mächte der Meister entstehen aus der Reinheit ihres Lebens und den Werten des Herzens. Die Mächte eines Meisters kommen von seinem inneren Gott und von der Harmonie mit der Natur und dem Gesetz. Nach jeder Reinkarnation, wenn das persönliche Ego zu seiner göttlichen ewigen Triade zurückkehrt und den Mentalkörper verlässt, löst dieser sich auf und seine Atome zerstreuen sich in der mentalen Ebene.

Diese mentalen Atome werden wieder angezogen, wenn der Innerste seinen neuen Mentalkörper wieder aufbaut, um durch die Tore einer neuen Inkarnation in die Schule des Lebens einzutreten.

Diese manasischen Atome, tanhische und andere „Ursachen", sind von derselben Natur wie das Manas, d. h., von derselben Natur wie der Mentalkörper und bilden die atomaren Strukturen dieses neuen Mentalkörpers.

In diesen Atomen ist unser Karma eingeschlossen. Dieser Prozess wiederholt sich in Millionen von Geburten und Toden. Wenn diese Atome des Verstandes sich mit dem Innersten durch das Feuer der vierten Schlange vereint haben, dann befreien wir uns vom Rad der Geburten und des Todes.

Jedoch, um ein Nirvani ohne Rückstände zu sein, müssen wir uns sowohl vom guten Karma als auch vom schlechten Karma befreien. Wir dürfen nichts schulden und andere dürfen uns nichts schulden. Solange uns die Löwen des Gesetzes etwas schulden, sind wir Nirvanis mit Überresten. Solange wir etwas schulden, sind wir Nirvanis mit Überresten.

Wir müssen jenseits von Gut und Böse gelangen, wir müssen jenseits der Intelligenz und sogar jenseits der unaussprechlichen Sphären der Liebe gelangen.

Diese Gipfel des Lichtes können wir nur durch die Stufen der Liebe und des Opfers erreichen. Wir müssen viel Gutes tun, aus Liebe zur Menschheit. So zahlen wir unsere Schulden. Später müssen die

Herren des Gesetzes uns auch unser Guthaben auszahlen. Schließlich befreien wir uns vom guten Karma und vom schlechten Karma und verwandeln uns in Nirvanis ohne Überreste.

Der Verstand muss sich mit seiner göttlichen Triade vereinen, zusammen mit den seelischen Extrakten des astralen, ätherischen und physischen Vehikels. So wird unsere Triade gestärkt durch sein niederes Viereck.

Das niedere Manas, zusammen mit Kamas, Pranas und Linga, stärkt die göttliche Triade durch das Feuer. Für diese transzendentalen Zwecke benutzen wir nur den seelischen Extrakt des Verstandes.

Wenn das menschliche Wesen fähig ist, von Angesicht zu Angesicht mit seinem Innersten zu sprechen, hat es den Zustand des Turiya erreicht. Viele fragen sich: Wie ist der Innerste? Was für eine Erscheinung hat er? Usw.

Je demütiger und einfacher eine Person ist, desto leichter kann sie die Natur unserer göttlichen ewigen Triade verstehen.

Aber die Intellektuellen können die göttliche Triade nur durch die geometrische Figur des Dreiecks verstehen.

Wenn der Verstand sich mit dem Herzen vereint, lebt er in der Triade und ernährt sich vollkommen von der Triade.

Jedoch ist die Vereinigung des Verstandes mit dem Herzen nur durch das Feuer möglich.

Kapitel XXX

Der feurige Weg

Der feurige Weg, der von der Stirn zum Herzen führt, wird von einem atomaren Gott mit unendlicher Macht regiert. Schreite voran mit festem Schritt zur zweiten Kammer dieses feurigen Weges, oh Arhat! Raffinierte Versuchungen werden dich quälen …

Man wird dir Wein und Vergnügungen anbieten, die unumgänglich erscheinen. Das grüne Monster der Eifersucht wird dich auf raffinierte Weise in der Welt des kosmischen Verstandes angreifen, wo dein Verstand feurig lodert …

Schreite voran, oh Arhat und bleibe aufmerksam und wachsam, wie der Wächter in Kriegszeiten. Dieser feurige Weg, der von der Stirn zum Herzen führt, ist sehr eng und schwierig und voller raffinierter Versuchungen.

Das Gefährlichste ist die schmerzvolle Vergangenheit deines Lebens, gemischt mit raffinierten Versuchungen. Du musst standhaft bleiben, gegen jene raffinierten Gefahren.

Je raffinierter eine Versuchung ist, umso gefährlicher ist sie. Während dieser Prüfungen musst du ein vollkommenes Gleichgewicht des Verstandes und des Herzens beweisen. Du näherst dich der zweiten Kammer des feurigen Weges, der von der Stirn zum Herzen führt.

Du bist siegreich aus den Prüfungen hervorgegangen, mein Sohn. Eine Gruppe von Engeln feiert frohlockend deinen Sieg. Du hast das Recht erworben, das Nirvana zu betreten. Du hast das Recht erworben, der Kavallerie des Heeres des Himmels beizutreten.

Tritt ein in deine Kammer, mein Sohn, um dein Fest zu feiern. Du bist ein Nirvani. Du bist eingetreten in das unbeschreibliche Glück des Nirvana und all die göttlichen Hierarchien sind von Freude erfüllt wegen deines Triumphes.

Du bist nun ein Gesegneter.

Kapitel XXXI

Der schöpferische Kehlkopf

Du hast nun die strahlende Blume deines schöpferischen Kehlkopfs erreicht. Das Wort der Götter drückt sich durch den schöpferischen Kehlkopf aus. Hadit ist auf deinen fruchtbaren Lippen Wort geworden. Hadit ist die geflügelte Schlange Kundalini.

Der esoterische Name von Kundalini ist ***Solu-Sigi-Sig***.

Das ist auch der Name der Zentralsonne. Jeder dieser Buchstaben soll in folgender Reihenfolge vokalisiert werden: ***Ssssss Oooooo Luuuuu – Ssssss Iiiiii Gggggg Iiiiii – Ssssss Iiiiii Gggggg.***

Man muss Buchstabe für Buchstabe vokalisieren und den Klang jedes Buchstabens verlängern, so wie wir es oben erklärt haben.

Es ist wichtig, den Klang jedes Vokals zu verlängern. Der Vokal „***S***“ ist wie ein weiches und sanftes Zischen. Schon die Bibel spricht in den folgenden Versen von diesem weichen und sanften Zischen:

Der Herr befahl: „Tritt hinaus und stelle dich auf dem Berg vor den Herrn hin!" Siehe, da zog der Herr vorüber: Ein starker mächtiger Sturm, der die Berge zerriss und die Felsen zerbrach, ging vor dem Herrn einher, doch im Sturm war der Herr nicht. Nach dem Sturm kam ein Erdbeben, doch der Herr war nicht im Erdbeben.

Nach dem Erdbeben kam ein Feuer, doch auch im Feuer war der Herr nicht. Nach dem Feuer kam ein leises, zartes Säuseln.

Elias vernahm es, hüllte sein Gesicht in seinen Mantel, trat hinaus und stellte sich an den Eingang der Höhle. Eine Stimme sprach ihn an: „Was suchst du hier, Elias?“ (1. Könige 19:11 – 13)

Das „S“ als Mantram erlaubt uns, unsere Höhle (den physischen Körper) zu verlassen und einen Berg zu besteigen (die Astralwelt). Der Vokal „S“ ist ein Mantram für Astralwanderungen. Der Schüler soll einschlafen, während er den weichen und sanften Klang „S“ singt, und wenn er sich im Übergangszustand zwischen Wachen und Schlafen befindet, soll er sich von seinem Bett erheben und sein Zimmer verlassen, in Richtung der gnostischen Kirche.

Dort werden wir ihn die göttliche Weisheit lehren. Aber wir müssen klarstellen, dass unsere Schüler diese Erklärung, die wir gegeben haben, in die Tat umsetzen muss. Der Schüler soll sich von seinem Bett erheben, so natürlich wie ein Kind, das nichts über Okkultismus weiß. Es ist keine mentale Übung und muss in konkrete Taten umgesetzt werden, so wie man sich am Morgen erhebt, um zu frühstücken. Der Vokal „S“ besitzt schreckliche Mächte.

Der Vokal „S“ ist die Rune „Sig“ und wenn wir sie vokalisieren, entstehen Blitze in der inneren Atmosphäre, die die Macht haben, Kundalini zu erwecken. Das Sexualorgan der zukünftigen göttlichen Menschheit wird der schöpferische Kehlkopf sein. Die Kehle ist ein Uterus, in dem das Wort erschaffen wird. Kundalini verleiht dem Kehlkopf die omnipotente Macht des schöpferischen Wortes.

Wichtig ist, das weibliche Prinzip der solaren Kräfte handhaben zu lernen. Die weiblichen solaren Kräfte werden durch einen Adler mit dem Kopf einer Frau symbolisiert. Die Sexualmagie ist der Weg.

Wir müssen in uns den Christus verwirklichen, um das schöpferische Wort zu sprechen, aber das ist nur möglich, wenn wir das weibliche Prinzip der Sonne zu handhaben lernen.

Aber wir wissen, dass die Sexualmagie sehr mühsam und schwierig für Menschen mit schwachem Willen ist und deshalb empfehlen wir unserem Schüler, zuerst die Übungen der Rune Thorn zu praktizieren, um Willenskraft zu erlangen, die ihnen erlaubt, die Sexualmagie heldenhaft zu handhaben.

Diese Übung führt man durch, indem man die rechte Hand auf die Hüfte oder Taille legt und dann die Silben ***Ti – Te – To – Tu*** – Ta vokalisiert und dabei den Klang jedes Vokals verlängert. Danach vokalisiert man das Mantram Thorn folgendermaßen: ***Tooooooorrrrrrnnnnnn***.

Wenn diese Übung täglich praktiziert wird, wird der Schüler eine mächtige Willenskraft erlangen, mit der er Sexualmagie praktizieren und die Bestie der Leidenschaft beherrschen kann.

Die Willenskraft wird durch die Dornenkrone des Nazareners symbolisiert. Man muss den Feuerstein kräftig schlagen, damit der Funke der Unsterblichkeit entsteht. Die Willenskraft ist die gewaltige Kraft des Opfers … sie ist die Dornenkrone der Meister.

Der Wille und die Bewegung von Kundalini sind eng miteinander verbunden. Die Willenskraft ist die Rune Thorn und die Bewegung wird durch das Zeichen Olin der aztekischen Mexikaner symbolisiert. Die Runen Thorn und die Bewegung enthalten das Geheimnis unserer Befreiung. Man muss Willenskraft haben, um Kundalini in Bewegung zu versetzen.

Die Hierarchien, die mit dem Reich der Elementarwesen der Zedern verbunden sind, haben die Macht, die Türe von Olin zu öffnen. Diese Tür befindet sich an der unteren Öffnung der Wirbelsäule, und durch sie betreten wir die großen Mysterien des Feuers.

Das Mantram, um diese Tür zu öffnen, ist *Thorn* und man vokalisiert es, indem man den Klang jedes Vokals folgendermaßen verlängert: ***Tooooorrrrrnnnnn***.

Das Mantra *Thorn* besitzt die Macht, das reine Akasha in Bewegung zu versetzen, um Kundalini zu erwecken und sie durch jeden der dreiunddreißig Wirbel unserer Wirbelsäule aufsteigen zu lassen. Dieses Mantram hat die Macht, das reine Akasha in unserer brahmanischen Kordel zu stärken.

Olin, das heilige Zeichen der aztekischen Indianer, ist die Eingangstür zu den großen Mysterien des Feuers.

Die Übung Olin führt man aus, indem man den rechten Arm auf die Hüfte legt; dann senken wir beide Arme auf die linke Seite und schließlich legt man beide Arme auf die Hüfte und vokalisiert das Mantram Thorn.

Man soll vokalisieren und die reine Luft ein- und ausatmen, mit der Absicht, den vitalen Christus zu jedem der sieben Körper zu bringen.

Das Zeichen Olin wird vom Sternzeichen Skorpion regiert, welches die Sexualorgane beherrscht. Wir wissen bereits, dass die gesamte Macht von Kundalini sich im Phallus und im Uterus befindet und dass in der Verbindung beider das Geheimnis liegt, um Kundalini zu erwecken.

Bei einer Gelegenheit, bei der ich mich mit einem Meister der großen weißen Hierarchie unterhielt, berührte er meine Sexualorgane, um mich zu untersuchen. Da fühlte ich in meinem ganzen Körper so etwas wie einen elektrischen Schlag und der Meister freut sich sehr und sagt mir: „Du entwickelst dich sehr gut."

Die Natur hat ihren Ursprung im Feuer und die gesamte Macht des Feuers befindet sich eingeschlossen in unseren Sexualorganen.

Der Meister Huiracocha lehrt in seinem Kurs über Magie der Runen all diese Dinge, aber die heiligen Runen gehören nicht dem Meister Huiracocha, denn dieses Wissen ist so alt wie die Welt und gehört den großen Schulen der inneren Mysterien an.

Wir akzeptieren die Behauptungen des Meisters Huiracocha nicht, die besagen, dass weder Schwarze noch Gelbe der weißen Loge angehören können, weil diese nur für Menschen der weißen Rasse ist.

Wir können diese Art radikalen Vorurteils nicht akzeptieren, denn die weiße Loge ist universal. In unserer ehrwürdigen weißen Loge gibt es Meister aller Rassen. Wir dürfen nicht vergessen, dass die Meister Moria und Kout Humi der gelben Rasse angehören.

Die weiße Rasse ist weder besser noch schlechter als die anderen, sondern einfach verschieden, das ist alles. Auch mit Huiracochas Verachtung für die östliche Weisheit sind wir nicht einverstanden. Christus lehrte drei Wege, um die Vereinigung mit dem Innersten zu erreichen.

Als er zu den Mengen predigte, als er seine mystische Begeisterung zeigte, zeigte er den Weg von Ramakrishna, den Weg von Kempis und den Weg von Franz von Assisi. Das ist der Pfad von Antonius von Padua und von Teresa von Avila. Das ist der mystische Pfad.

Als er bei den Zöllnern und Fischern und Trinkern war, bei Magdalena, der reumütigen Prostituierten, zeigte er uns den gnostischen Pfad. Als er sich für vierzig Tage und Nächte in die Einsamkeit der Wüste zurückzog, lehrte er den Pfad des östlichen Yogas.

Die sieben Strahlen der kosmischen Evolution reduzieren sich auf diese drei Wege, die der Nazarener zeigte. Deswegen dürfen wir die östliche Weisheit nicht verachten. All die menschlichen Innersten, die dem Rad der Geburten und Tode unterworfen sind, gehören diesen drei Pfaden an. Dennoch behaupten wir, dass die Sexualmagie zwischen Mann und Frau der Weg ist, um das Nirvana zu erreichen.

Keinesfalls können wir die Rassenvorurteile des Meisters Huiracocha akzeptieren. Gott bevorzugt niemanden. Alle menschlichen Wesen, ohne Unterscheidung von Rasse, Geschlecht, Kaste oder Farbe, sind geliebte Kinder des Vaters und haben die gleichen Rechte.

Auch können wir Huiracochas absurde These nicht akzeptieren, der zufolge es eine Sünde ist, wenn ein Mann von einer Rasse eine Frau einer anderen Rasse heiratet und der zufolge die Mischlingskinder Kinder des Teufels sind.

Wir erkennen an, dass der Meister Huiracocha ein Guru der universellen Weißen Bruderschaft ist und ich weiß, dass er ein Erzbischof der gnostischen Kirche ist, aber als er diese Behauptungen in seinem Kurs über Magie der Runen aufstellte, irrte er sich leider.

Zweifellos würde der Guru Huiracocha diese Fehler berichtigen, wenn er einen physischen Körper hätte, denn der Mensch begeht Fehler, aber nur der Dumme beharrt auf diesem Fehler.

Sei Du, o Hadit, mein Geheimnis, das Gnostische Mysterium meines Seins, der zentrale Punkt meiner Verbindung und erblühe, Wort geworden, auf meinen fruchtbaren Lippen.

Wenn die Kundalini des Mentalkörpers die feurige Rose des schöpferischen Kehlkopfs erreicht, ertönt in den inneren Welten eine Posaune des Tempels und wir treten ein, um das Fest zu feiern.

Alle menschlichen Wesen, weiß, schwarz, gelb, rot und braun, haben das Recht, das Wort des Lichtes zu sprechen und Teil der großen universalen Weißen Bruderschaft zu sein, denn wir alle sind sehr geliebte Kinder des Vaters.

Gott bevorzugt niemanden, er kümmert sich auf gleiche Weise um den Menschen und die Ameise, den Vogel und das Reptil.

Gott hat keine Rassenvorurteile und liebt alle seine Kinder mit unendlicher Liebe, ohne Unterschied von Rasse, Geschlecht, Kaste oder Farbe.

Wir müssen alle menschlichen Wesen lieben, unseren letzten Tropfen Blut für all unsere Brüder dieser großen menschlichen Familie geben. Die Finsteren kritisieren mich, weil ich der Menschheit die Geheimlehre der Gnostiker lehre.

Ich verbreite all diese esoterischen Lehren, um all meine Brüder und Schwestern dieser Menschheit zu retten. Alles, was ich weiß, ist für meine Brüder und Schwestern und ich bin bereit, sie die heiligsten Dinge des Universums zu lehren, damit sie nach Eden gelangen, wie ich.

Kapitel XXXII

Die vierte Kammer

Du hast die vierte Kammer des schmalen Pfades erreicht, der von der Stirn zum Herzen führt. Diese Kammer befindet sich unter der Schilddrüse, über dem Brustbein, dem höheren Teil des Brustkorbs.

Raffinierte Versuchungen haben dich in der Welt des kosmischen Verstandes angegriffen. Du hast verstanden, wie das Verbrechen sich in der Spiritualität versteckt.

Du hast verstanden, dass sich das Verbrechen auch im Duft des Gebetes versteckt. Du hast auch gesehen, dass sich das Verbrechen auch im Pleroma einer spirituellen Bruderschaft versteckt.

Du hast gesehen, mein Bruder, wie aus einer einfachen spirituellen Freundschaft zwischen zwei Wesen unterschiedlichen Geschlechts ein raffinierter mentaler Ehebruch entstehen kann, mit der transzendentalen Farbe der Spiritualität.

Nun, mein Sohn, verstehst du, auf welche Art und Weise der Verstand und das Herz sich verbinden und durch das Feuer ins Gleichgewicht kommen.

Die Tür hat sich geöffnet, tritt ein, mein Sohn, um dein Fest zu feiern. Der Augenblick ist gekommen, mein Bruder, in dem du dich ein bisschen mehr um Musik kümmern musst.

Die Orchester von Eden erklingen im unendlichen Raum, in den großen Rhythmen des Feuers.

Das gesamte Universum wird von der großartigen Orchestrierung der Sphären getragen.

Kapitel XXXIII

Die fünfte Kammer

Du hast die fünfte feurige Kammer des schmalen Pfades betreten, der von der Stirn zum Herzen führt. Eine Tür öffnet sich. Tritt ein, mein Sohn! Höre nun, oh Arhat, was der Engel dir aus dem Buch vorliest.

Nun wird man dich viele erhabene Dinge lehren, mein Bruder, die mit der Welt des kosmischen Verstandes verbunden sind. Du bist in der Welt des reinen Geistes tätig ohne Notwendigkeit materieller Vehikel. All die wesentlichen Lehren lehrt man dich in heiliger Sprache.

Die Sonne scheint auf den Baum deines Lebens und du hast die fünfte Kammer betreten. Du siehst, mein Bruder, dass du dich dem heiligen Tempel des Herzens näherst. Nun verstehst du, wie Verstand und Herz ins Gleichgewicht kommen.

Es wird dir zunehmend klar, wie du bewusst in deinem *höheren Ich* handeln kannst, ohne die Notwendigkeit der vier Körper der Sünde. Du bist wahrlich ein Arhat, du bist ein Nirvani, mein Sohn!

Du bist ein Meister der höheren Mysterien, aber in der Welt des Nirvana hast du nun begonnen, wie ein Schüler der Götter zu leben. Du bist ein Meister und du bist ein Schüler, du hast gelernt, zu gehorchen und zu befehlen. Du bist ein Übermensch.

In der Astralwelt und in der Mentalwelt hast du einen majestätischen Tempel errichtet, mein Sohn, aber in der Welt des Nirvana besitzt du nur eine kleine Kapelle.

Wann wirst du eine große Kathedrale im Nirvana haben? Wann wirst du ein Bewohner des siebten Salons des Nirvana sein? Wann wirst du in jener großen goldenen Stadt des siebten Salons des Nirvana leben?

Betrachte diese unaussprechlichen Wesen, die in ihren großen Kathedralen des Nirvana zelebrieren.

Wann wirst du so sein wie sie? Oh mein Bruder, im Augenblick hast nur eine kleine Kapelle in der ersten Unterebene des Nirvana. Du bist ein Anfänger im Nirvana, mein Sohn. Deine Aufgabe ist nun viel mühsamer, oh Arhat!

Wenn du im Nirvana vorankommen willst, musst du dich für die Menschheit opfern. Du musst dich in einen Bodhisattwa des Mitgefühls verwandeln, mein Bruder.

Jedes deiner Opfer wird man dir im Nirvana vergelten. Nur so, mein Bruder, kannst du im Nirvana vorankommen.

Du siehst, mein Bruder, wie das Feuer dich verwandelt hat.

Du siehst, Bruder meiner Seele, dass alle Geheimnisse des Nirvana in deinen Sexualorganen verborgen waren.

Du hast Unbeschreibliches erlitten bei der Suche nach dem Nirvana.

Du hast dich verschiedenen Religionen, Schulen, Logen und Orden angeschlossen, die dir nur Trost für einen Tag brachten.

Du hast Buße getan, du hast ein Büßerhemd getragen, aber umsonst, mein Sohn.

Du hast die Tür von Eden vergessen und deshalb hast du gelitten, Bruder meiner Seele.

Du hast gesehen, dass das Nirvana in deinen eigenen Sexualorganen war.

Wie viel Arbeit, mein Sohn! Aber schließlich hast du die Tür von Eden in deinen Sexualorganen gesehen und bist eingetreten.

Kapitel XXXIV

Die sechste Kammer

Du steigst nun Stück für Stück ab, mein Bruder, durch das Innere deines Tempels, vom Turm bis zum Herzen. Du sitzt nun am Fenster deines Turmsockels. Du befindest dich im Inneren deines Tempels, mein Bruder und steigst Stück für Stück von der Kuppel bis zum heiligen Sanktuarium des Herzens hinab.

Aus der Höhe dieses inneren Fensters betrachtet man die Tiefe, den Boden des Tempels. Die Höhe verursacht Schwindel, mein Bruder. Wehe dem Arhat, der den Schwindel der Höhe nicht zu kontrollieren weiß, denn er wird in den Abgrund stürzen.

Wer Verstand hat, der verstehe und wer Ohren hat, der höre, was ich den Arhat sage. Du bist in großer Höhe, oh Arhat! Und aus der Tiefe des Sanktuariums steigt ein unaussprechlicher Chor bis zu deinem Fenster.

Die Meister singen wunderbar in heiliger Sprache. Sei standhaft, oh Arhat! Sei vorsichtig, besonnen und werde nicht stolz durch den Schwindel der Höhe. Sei bescheiden, mein Bruder, sei vollkommen, so wie unser Vater im Himmel vollkommen ist. Betrete die sechste Kammer, mein Bruder.

Diese Kammer besteht aus sich überkreuzenden Hallen. Diese Kammer gehört dem sechsten Arkanum des Tarot an: dem Verliebten. Erinnerst du dich an deine Fehler? Erinnerst du dich an jene dunklen Zeiten deines Lebens, als du in dir selbst das sechste Arkanum des Tarot fühltest? Erinnerst du dich an jene Zeiten, in denen du durch die verschlungenen Wege der Unzucht und des Ehebruchs wandertest?

Tritt nun ein, mein Bruder, in diese Kammer, die vom Licht deines Leuchters erhellt ist. Empfange geduldig die schmerzvollen Erinnerungen … empfange geduldig deine Ermahnungen.

Empfange dein Fest, oh Arhat!

Kapitel XXXV

Die siebte Kammer

Du bist nun vor der Tür der siebten Kammer, oh Arhat! Diese Kammer wird symbolisiert durch das siebte Arkanum des Tarot. (Der Kriegswagen) Erinnere dich an deine erste Liebe, mein Bruder. Erinnere dich an deine göttliche Mutter, die gesegnete Mutter der Welt, die du verlassen hast, als du von der verbotenen Frucht gegessen hast.

Hat sie dich etwa nicht geliebt? Was hat dir gefehlt, mein Bruder?

Warum hast du deine Mutter verlassen? Klopfe an, undankbarer Sohn, klopfe laut an die Tür der siebten Kammer, damit man dir öffne.

Schlechter Sohn, bereue deine Undankbarkeit und weine, und klage und kämpfe unerbittlich, damit die Götter dir die Tür dieser Kammer öffnen.

Das ist das siebte Arkanum des Tarot und du musst hart kämpfen, mein Bruder, damit die Götter dir die Tür dieser Kammer öffnen. Das siebte Arkanum des Tarot wird von einem Kriegswagen repräsentiert, der von zwei Sphinxen gezogen wird, einer weißen und einer schwarzen.

Die weiße Sphinx symbolisiert die gesegnete göttliche Mutter der Welt und die schwarze Sphinx symbolisiert den Schatten der göttlichen Mutter, Hekate, Proserpina, die Königin der atomaren Höllen der Natur, die schwarze Göttin, die die Dämonen der Schatten so sehr verehren.

Du hast deine Mutter verlassen, um der finsteren Göttin der fleischlichen Leidenschaft zu folgen und nun musst du deine Undankbarkeit bereuen und laut an der siebten Kammer anklopfen, damit die Götter dir öffnen.

Tritt ein mit deinem Kriegswagen, oh Arhat! Klopfe laut, damit man dir öffnet. Die Tür wurde geöffnet, tritt ein in deine Kammer, oh Arhat!

Betritt die siebte Kammer und empfange dein Fest.

Du bist ein Kind und man hat dir mächtige Waffen gegeben, mit denen du andere und dich selbst verletzen kannst, wenn du sie nicht zu nutzen weißt.

Kapitel XXXVI

Die achte Kammer

Klopfe laut an deinen Tempel, oh Arhat! Freue dich, mein Bruder, freue dich, denn du hast das Herz erreicht. Der Spezialist, der deine vierte Schlange erweckt hat und der mit höchster Anstrengung deine Schlange weise bis zu jenen heiligen Zentren des Herzens geführt hat, wurde schon bezahlt.

Jede Arbeit muss bezahlt werden und man hat deinem Spezialisten den großartigen Dienst, deine Schlange weise vom Steißbein bis zu diesen unbeschreiblichen Kammern des Herzens zu führen, schon bezahlt.

Nur der uneigennützige Dienst, die Keuschheit und die Heiligkeit führen uns zu den unbeschreiblichen Gipfeln. Du hast gesehen, mein Bruder, worin dieser große Dienst besteht. Ich kenne viele gute und tugendhafte spiritualistische Brüder, die um die Vollkommenheit kämpfen. Ich kenne viele Brüder, die unbeschreiblich kämpfen, um ihre Fehler zu korrigieren und sich zu reinigen, aber sie vergessen ihre Nächsten.

Sie fühlen sich allein und kämpfen um ihre spirituelle Selbstvervollkommnung und um ihre moralische Selbstverbesserung, aber sie erinnern sich nicht, dass sie Brüder haben und dass wir alle Kinder derselben Mutter sind. Ihre Spiritualität ist eine egoistische Spiritualität, und da sie niemandem dienen, sich für niemanden opfern, nicht für die Spiritualität anderer kämpfen, schulden ihnen die Meister nichts und deshalb müssen sie ihnen nichts bezahlen, denn sie schulden ihnen nichts.

Jede Einweihung ist eine Bezahlung, die den Menschen gegeben werden muss, aber wenn dem Menschen nichts geschuldet wird, wird ihm nichts gegeben, und auch wenn er um die Einweihung schreit und fleht, wird er graue Haare bekommen bevor das passiert.

Die majestätische Tür des heiligen Tempels des Herzens wurde geöffnet. Tritt ein, mein Bruder, in die große Kathedrale der Seele, um das Fest des Arhat zu feiern. Tritt ein, mein Bruder, in den Tempel des

Herzens, damit du die vierte Einweihung der höheren Mysterien empfängst. Trage deine besten Kleider... der Tempel feiert, denn der Verstand und das Herz haben sich durch das Feuer vereint. Unaussprechliche Schönheiten tanzen vor dir den heiligen Tanz der Runen.

Dein Verstand hängt an einem Kreuz! Er ist christifiziert! Und nun wird er von seinem Kreuz genommen, um das Fest zu feiern. Dein Verstand ist nun ein lebendiger Christus! Dein Verstand strahlt mit der heiligen Macht des Feuers. Unbeschreibliche Musik erklingt in den göttlichen Bereichen.

In der heiligen Kammer deines Herzens erstrahlt das Feuer des Arhat. Nun trägst du den Christus in deinem Herzen und die weiße Taube des Heiligen Geistes hat ihre Wohnstätte im Tempel deines Herzens eingenommen.

Unbeschreibliche Engel tragen die lange Schleppe deines Umhanges ... die Schönheiten tanzen den Tanz der Runen.

Der König der Welt sitzt auf seinem Thron und erwartet dich, mein Bruder! Sanat Kumara, zeremoniell gekleidet, übergibt dir das heilige Symbol des Merkur.

Du bist ein Imperator des Verstandes, du bist ein Arhat der Gedanken. Dein Verstand lodert nun feurig in den Funken der universalen Flammen.

Dein Verstand erstrahlt nun in der feurigen Rose des Universums. Du hast dich von der Illusion der Getrenntheit befreit. Du bist jener ... jener ... jener.

Du lebst in allen Herzen, du siehst durch alle Augen, du hörst durch alle Ohren, denn du bist jener ... jener ... jener.

Nun kannst du ausrufen: „Ich bin Atman, der Unbeschreibliche.“ Ich bin, der ich bin, der immer war und der immer sein wird.

Die gesamte sternenbesäte Unendlichkeit ist mein Körper ... das gesamte Universum ist meine Persönlichkeit und deshalb drücke ich mich mit Kraft und Macht durch meine Arhat aus. Ich weine im Kind, ich singe im Vogel und ich blühe in meinen Granatäpfelbäumen.

Nun musst du die Persönlichkeit in der Unpersönlichkeit verstehen, mein Bruder. Nun musst du verstehen, mein Bruder, dass die Illusion der Getrenntheit eine Ketzerei ist und dass die egoistische Persönlichkeit derjenigen, die nur sie selbst sein wollen und nichts anderes, die schlimmste Ketzerei ist.

Wenn ich, Samael Aun Weor, sage, dass wir ein starkes und mächtiges Ich und eine starke und mächtige Persönlichkeit haben müssen, beziehe ich mich weder auf die egoistische Persönlichkeit noch auf das tierische Ich.

Ich beziehe mich einzig auf das göttliche Ich und auf unsere riesige Persönlichkeit, die von all den Wesen des Unendlichen gebildet wird.

Atman donnert und blitzt in all den unendlichen Räumen und manifestiert sich mit Macht durch seine Arhat.

Atman der Unaussprechliche hat keine Schwächen, er drückt sich mit Macht und Majestät durch seine Propheten aus.

Unser Ich ist universal und die Körper all der lebenden Wesen sind Körper unseres inneren und göttlichen Ichs. Als wir von einer kräftigen und mächtigen Persönlichkeit gesprochen haben, haben viele nicht verstanden, dass es die Persönlichkeit in der Unpersönlichkeit ist, und sind in die schreckliche Ketzerei der Getrenntheit gefallen.

Lasst euch weder von der egoistischen Persönlichkeit unseres Mentalkörpers noch vom tierischen Intellekt leiten, meine Brüder. Ihr sollt nur auf den Innersten hören, der im Herzen wohnt, ihr müsst lernen, die Stimme der Stille zu hören.

Wenn wir von einem universalen Ich reden, fallen wir nicht in die Absurdität von Annie Besant, die die Individualität des Innersten vergaß.

Wir erkennen die Individualität in der Einheit des Lebens, und obwohl wir wissen, dass ein Tropfen im Ozean versinkt, wissen wir auch, dass der Ozean in einem Tropfen versinkt. Atman ist einer, der sich wie viele ausdrückt; das feurige Meer des Lebens, das frei in seiner Bewegung ist, hat viele Flammen.

Aber all die Flammen bilden zusammen das Meer des lodernden Feuers … die Welt des Feuernebels.

Der Innerste ist gleichzeitig individuell und universal.

Ich bin die Flamme, die in jedem menschlichen Herzen brennt, so wie sie in jedem Korn und im Kern jedes Sternes brennt.

Ich bin der Baum, der Stein, der Vogel, der Mensch, das Licht, das Brot und der Wein.

Kapitel XXXVII

Die sieben Zentren des Herzens

Im menschlichen Herzen existieren sieben göttliche Zentren und übereinstimmend mit jeder der großen Einweihung der großen Mysterien, die der Eingeweihte erreicht, betritt er die entsprechenden Zentren des Herzens.

Bei jeder der sieben großen Einweihungen der großen Mysterien bekommt der Eingeweihte Zugang zu dem entsprechenden Zentrum.

Mit der ersten Einweihung der großen Mysterien bekommt der Eingeweihte das Recht, das erste Zentrum zu betreten. Mit der Zweiten betritt er das Zweite, mit der Dritten das Dritte, mit der Vierten das Vierte, mit der Fünften das Fünfte, mit der Sechsten das Sechste und mit der Siebten das Siebte.

Ein Berg von makelloser Weiße in Form einer Pyramide steht vor dir. Tritt ein, Bruder, in diese heilige Kammer, wo das Bild des Gekreuzigten erstrahlt; du hast dieses Zentrum schon zuvor betreten, aber nun betrittst du es zum vierten Mal auf höhere Weise. Wir durchlaufen dieselben Zentren immer auf höhere Weise, indem wir der Spirale der kosmischen Evolution folgen.

Tritt nun ein, mein Bruder, in das zweite Zentrum und empfange deine Geschenke und deine Feste. Tritt ein in das dritte Zentrum und lass deine feurige Sphäre sich drehen, die an der Kordel hängt ... Empfange Musik und Feste, mein Bruder. Tritt nun ein, oh Arhat, Imperator des kosmischen Verstandes, in dein viertes Zentrum.

Dieses vierte Zentrum entspricht der vierten Einweihung der großen Mysterien.

Du befindest dich in der Morgenröte des Lebens, mein Bruder ... du warst ein wilder primitiver Indianer in den jungfräulichen Dschungeln von Arkadien.

Du hast die aufgehende Sonne angebetet und du hast den Verstand nicht benutzt. Du hast dich weise von der Stimme des Instinkts führen lassen. Am Ende der Reise, mein Bruder, nachdem du deinen Verstand christifiziert hast, hast du entdeckt, dass das Ende gleich wie der Anfang ist, plus der Erfahrung des Zyklus.

Bist du nun überzeugt, dass du nicht mehr als Gott wissen kannst? Die Vernunft ist ein großes Verbrechen gegen Gott. Durch deine armen Überlegungen glaubtest du, dass du mehr wissen könntest als der Schöpfer … und du irrtest dich, mein Bruder.

Nun bis du zurückgekehrt, mein Bruder, zum positiven Pol des Instinktes, denn das Ende ist immer gleich dem Anfang, plus der Erfahrung des Zyklus.

Du bist in das Reich der Intuition zurückgekehrt. Du bist nun überzeugt von der Nutzlosigkeit der Überlegungen, mein Bruder.

Nur der Pfad der richtigen Handlung, geführt von der Stimme der Stille, kann uns zu den unaussprechlichen Gipfeln des Nirvana bringen.

Anstatt zu überlegen und den Mentalkörper mit dem Kampf der Antithesen zu zerstören, ist es besser, intensiv für das Wohl der menschlichen Spezies zu arbeiten. Wenn die Überlegungen dich überfallen, besiege sie mit der Peitsche der Willenskraft.

Wenn der antithetische Kampf der Konzepte deinen Verstand zerstückeln will, wirf ihn hinaus mit der Peitsche der Willenskraft und beschäftige dich mit deinen Pflichten, um keinen Platz für die Nutzlosigkeit der Überlegungen zu lassen.

Die Herren des Karma interessieren nur deine Taten. Deine Denkprozesse interessieren die Herren des Karmas nicht. Der Prozess der konzeptuellen Selektion und der depressive Prozess der Auswahl verursachen ernsten Schaden im Mentalkörper.

Wenn der Schaden sich im physischen Gehirn kristallisiert, erscheinen Erkrankungen des Gehirns, intellektuelle Manien, Alkoholismus, Neurasthenie und Wahnsinn. Du kannst nicht mehr wissen als Gott, mein Bruder, deshalb nutzen deine Überlegungen nichts, wirf alle Händler mit der Peitsche deiner Willenskraft aus dem Tempel deines Verstandes.

Christifiziere deinen Verstand, guter Schüler, verwandle das Wasser in Wein und öffne deinem inneren Gott die Türen, damit er dich die göttliche Weisheit lehre und du das Brot der Weisheit essest, ohne die Notwendigkeit unnützer Überlegungen, die den Mentalkörper zerstören.

Auf der Mentalebene existieren Krankenhäuser und Kliniken, in denen sich gegenwärtig Tausende von kranken Mentalkörpern befinden, wegen der schmerzhaften Denkprozesse. In diesen Krankenhäusern der mentalen Welt werden Mentalkörper von vielen Eingeweihten behandelt, die ihren Verstand durch den Prozess des Denkens zerstört haben.

Der Verstand muss ruhig und ganzheitlich fließen, ohne den depressiven Prozess des Denkens.

Wichtig ist der Pfad der richtigen Handlungen, wichtig ist die intuitive Handlung. Intuitive Handlung ist richtiges Handeln, richtiges Denken, richtiges Fühlen, göttliche Umwandlung, vollkommene Handlung, vollkommene Aktivität, zum Ausdruck gebrachte Heiligkeit, Handlung im Zustand der Vollkommenheit, Weisheit in Aktion und aktive Liebe.

Die Menschheit des Wassermannzeitalters wird eine intuitive Menschheit sein.

Du hast gesehen, oh Imperator, wie viele Wesen die Reise mit dir begonnen haben! Millionen von menschlichen Wesen begannen den spiralförmigen Berg des Lebens zu erklimmen, aber die Mehrheit fiel in den Abgrund und verwandelte sich in Dämonen.

Nur eine Handvoll von Wesen erreichte mit dir den Gipfel des Berges. Tritt ein in den Tempel, oh Arhat, um das Fest zu feiern.

Der Tempel ist festlich dekoriert. Sanat Kumara, der Alte der Tage, erwartet dich auf seinem Thron. Seine majestätische Stimme erklingt wie die Stimme des Heeres. Die göttliche Mutter der Welt legt dir den heiligen Umhang der Buddhas um und setzt dir das Diadem mit dem Auge Shivas auf. Auf deiner Stirn erstrahlt das Auge des Dagma und Sanat Kumara ruft aus: „Du bist ein Buddha! Du hast dich von den vier Körpern der Sünde befreit, du bist ein Bewohner der Welt der Götter … Du bist ein Buddha!“

Der Alte der Tage überreicht dir die Tunika des Buddhas … Empfange sie, mein Bruder!

Aus deinem Mentalkörper erscheint in diesem Augenblick ein wunderschönes Kind, es ist die seelische Essenz deines Mentalkörpers, es ist dein Christus-Verstand.

Dieses wunderbare Wesen verschmilzt nun vollkommen mit deiner göttlichen ewigen Triade.

Der Christus-Verstand hat sich in deinem Mentalkörper gebildet.

Der Christus-Verstand ist reiner umgewandelter Samen.

Der Christus-Verstand ist das Ergebnis der Sexualmagie.

Du bist ein Gesegneter, oh Buddha!

Sanat Kumara bietet dir einen neuen Thron an.

Alle Brüder des Tempels freuen sich, alle frohlocken mit dem neuen Buddha, alle umarmen dich und geben dir den heiligen Kuss.

Das Fest ist riesig …

Die göttliche Mutter der Welt hat einen neuen Buddha in die Welt der Götter geboren. Nun erstrahlst du mit makelloser Schönheit in der feurigen Rose der Natur. Das Manas ist verschmolzen mit Atman-Buddhi-Manas im Zentrum des reinen Brahma, wo nur die heilige Weisheit des Boddhidharma strahlt.

Die göttliche Mutter der Welt ruft aus: „Hier ist ein sehr geliebter Sohn, hier ist ein neuer Buddha!“

Das ist die Weisheit des Herzens, das ist die Weisheit des Siegels des Herzens. Am Ende verschmolzen der Tod und das Herz vollkommen.

Die Musik der Sphären erklingt in den göttlichen Ebenen und im Tempel der Götter tanzen die Schönheiten die heiligen Runen …

Samael Aun Weor